AF503250

Les Plages d'Or

HENRI CLOUZOT

Les Plages d'Or

ROYAN ET SES CONCHES

NIORT

G. CLOUZOT, LIBRAIRE-ÉDITEUR

22, RUE VICTOR HUGO, 22

1907

LES PLAGES D'OR

I

COMME ON FAIT SON NID

Si je connaissais un de ces doux rimeurs qui, dans notre siècle d'automobilisme, continuent La Fontaine ou Florian, je lui proposerais un sujet de fable. La scène se passerait à Royan, et l'apologue aurait pour titre : *la Vieille Maison et la Jeune Villa.*

Vous devinez le dialogue? La maison raillerait la coiffure prétentieuse de la villa, ses toilettes voyantes, ses balcons criards, ses allures de palais en carton. La villa attaquée riposterait que l'envie seule fait parler sa rivale : à son tour, elle tournerait en dérision la façade décrépie de la vieille radoteuse, sèche comme une figure de géométrie, maussade comme un théorème d'algèbre.

Naturellement le dernier mot resterait à la villa qui préférerait sa vie au grand air, dans les bois de pins ou sur la falaise, même au prix de quelques horions dans les tempêtes d'hiver, à la sécurité insipide de la maison protégée des cambrioleurs par la police et des coups de vent par le mur mitoyen. Comme dans *le Loup et le Chien*, elle refuserait d'échanger son indépendance contre un esclavage doré et de mettre sa fantaisie à la chaîne, fût-ce à celle de MM. les agents-voyers.

Le collier dont la maison est attachée, le signe de son esclavage, c'est son numéro qui la marque au front comme un condamné aux travaux publics. La villa au contraire est une vraie personne. Elle a sa physionomie gaie ou austère, modeste ou tapageuse, sa taille grande ou petite, svelte ou rebondie. Elle porte un nom, comme sa voisine la barque de pêche échouée dans le port, presque à ses pieds, qui, elle aussi, a revêtu, pour plaire aux yeux, les plus jolies formes, les plus jolies couleurs.

Qui le premier eut l'idée de baptiser les villas? Tout le monde et personne. Sur le penchant de la dune, près du bouquet de chênes-verts où la fantaisie les a semées, le boulevard n'existait pas encore. Il fallait bien trouver un moyen de les désigner, ne fût-ce que pour éviter des pas inutiles au facteur, ou pour garnir agréablement la « Liste des étrangers. » On leur choisit un nom. Elles le portent gaillardement sur leur façade, comme de braves mathurins arborent au chapeau celui de leur navire.

Les premiers qui bâtirent n'eurent sans doute que l'embarras du choix. Aujourd'hui, pour trouver un titre qui n'ait pas encore été pris, la tâche devient si difficile que je me demande comment on ne relève pas plus de doubles emplois dans le stud-book de la construction.

Tout d'abord un possesseur d'immeuble, — l'amour de la propriété ne va pas sans une vanité bien légitime, — songe à lui donner son nom. La plupart du temps il se contente de son prénom, mais s'il s'appelle Népomucène ou Polycarpe, il choisit celui de sa femme. C'est plus galant, et ça ne sort toujours pas de la famille.

D'autres, pensant que pour un baptême rien ne vaut un vocable de saint, mettent leur villa, sous l'invocation d'un bienheureux. Tous les saints du paradis, ou plutôt du *Paradou,* y passent, à commencer par *Saint-Antoine de Padoue,* dont la protection n'est pas inutile dans un bois où il se perd tant de choses. Mais les affiches du casino font une concurrence redoutable au pouillé du diocèse : les *Magali,* les *Lakmé,* les *Mireille,* les *Salammbô* sont presque aussi nombreuses que les *Jeanne-d'Arc* ou les *Stella Maris.* Tout récemment, un ingénieux propriétaire eut l'idée d'appeler son chalet *Quo Vadis,* et réconcilia, du même coup l'église et le théâtre.

Arbres et fleurs, oiseaux chanteurs, insectes diaprés, dunes, bois ou rochers, la mer, les vents, les étoiles, prêtent tour à tour leurs noms aux villas. Les gens instruits parlent latin : *Rus urbanum,... Et nunc erudimini;* les amis de la grande alliée baragouinent *Isba, Kremlim, Skobeleff;* les bons maris disent c'est *Une idée de ma femme,* et les indécis, qui n'ont pu se déterminer à faire un choix, restent avec une *Villa sans nom.*

La saison venue, quelques coups de pinceaux viennent rajeunir ces jolies enseignes aux couleurs vives, qui font à l'œil de l'étranger une invite un peu libertine : chalets et maisons entrent dans cette crise périodique qu'on peut appeler la lutte pour la location.

A cropeton sur le pas des portes, les ménagères royanaises guettent le visiteur en devisant entre elles comme les bonnes vieilles de Villon : leur œil exercé reconnaît de loin l'hôte souhaité. Qui pourra dire quels trésors de psychologie se dépensent, sans le savoir, à cette observation d'où dépend pour beaucoup de ménages l'aisance de toute une année ? C'est à croire que certains indices, visibles pour les propriétaires seulement, distinguent l'étranger qui veut louer du touriste de passage, du désœuvré qui se promène en flânant. Vainement l'arrivant appelle-t-il à son secours la dissimulation la plus machiavélique. Un coup d'œil jeté sur un écriteau, un arrêt involontaire devant une façade : voilà l'incognito dévoilé, « le baigneur » démasqué, toisé, estimé. Chaque propriétaire sait d'avance si sa maison lui conviendra ou non.

Il y a passage d'étrangers, à certaines époques, à certaines heures du jour. C'est généralement vers le milieu de juin pour la location de juillet, au quatorze juillet pour la location d'août, que l'on vient choisir des logements.

Ces jours-là, à l'arrivée des trains du matin, les baigneurs se répandent dans toute la ville en batteurs d'estrade. La chasse dure jusqu'au soir, de Pontaillac à l'Oasis, et quelques heures seulement avant le départ les marchés se concluent. Une minutieuse observation m'a permis de constater que le touriste, qui voit vingt maisons dans la journée, se décide généralement pour celle qu'il avait visitée la première.

A chaque quartier sa clientèle. Certains habitués ne sortiraient pas d'un périmètre marqué, qui constitue pour eux le seul point habitable de la station. Mais comme chaque année toutes les rues finissent par se remplir, il faut bien en conclure que la région idéale n'est pas la même pour chacun, et qu'il en est des maisons comme des goûts ou des couleurs : les préférences ne se discutent pas.

A Royan, la convenance d'un logement s'apprécie au nombre des couchettes. Tel désire une maison de trois lits, tel autre de cinq, tel autre de dix, quitte à se livrer ensuite à une prodigieuse multiplication de matelas pour les enfants ou les amis de passage, et à loger douze dans un chalet de cinq lits. On ne visite

généralement l'appartement qu'après s'être ren-
seigné sur ce chapitre préliminaire. Le prix
vient plus tard, lorsqu'on a parcouru la maison
de fond en comble.

L'étranger qui arrive ici pour la première
fois s'étonne de la propreté méticuleuse,
hollandaise, des intérieurs. Les carrelages
resplendissent, on se mire dans les planchers,
la guerre à la poussière est poussée jusqu'à la
férocité : des propriétaires effacent la trace de
leurs pas en passant d'une chambre dans une
autre.

On sent que ce n'est pas là une propreté
de commande, une amorce à la location, une
pincée de poudre aux yeux. Dans ces chambres,
où les photographies des vieux parents se
mêlent aux souvenirs des colonies apportés par
le garçon et au bouquet de mariage de la
fille, on voit que la propreté est une vertu
constante, familiale, qu'elle tient au génie même
de la vieille Saintonge, comme la politesse,
comme les mœurs simples et hospitalières qui
avaient tant frappé Michelet chez les pêcheurs
de Saint-Georges.

Ici, point d'écrit, point de bail. La parole
suffit : il n'y a pas d'exemple de contestation
au moment du règlement. Les bagages arrivent.

La maison s'ouvre. Les portes baillent sur leurs gonds comme les valves d'un grand mollusque. Les cheminées fument, tout prend vie. Vous êtes chez vous.

II

PALAIS DE FÊTES

Certain Anglais millionnaire, contemporain de Charles **X**, débarqué avec sa femme à Royan pour y passer une semaine, s'y trouva si bien qu'il acheta maison et jardin sur la falaise, et ne retourna dans son pays que vingt ans après.

Il passait la journée sur la terrasse, assis côte à côte avec sa compagne, devant un guéridon simplement orné d'une bouteille d'eau-de-vie, placée là sous le régime de la communauté. C'était, dit Eugène Pelletan, une litanie muette de verres remplis et vidés ; quand l'un avait bu, l'autre buvait. Aucune parole n'interrompait le cours de cette mystique opération. Dans les entr'actes seulement, Madame mettait le menton sur son poing, Monsieur la tête dans sa main, et tous les deux contemplaient un instant la mer, qui était pour eux la continuation de la patrie.

Après vingt ans d'extases et de rasades, milady mourut. Le mari alla ensevelir son deuil dans le brouillard d'Albion, et sa maison restaurée et agrandie par l'ingénieur Lessore, devint le premier casino de Royan.

Il est bien délaissé, aujourd'hui, ce berceau des plaisirs royanais. Ses salles désertes n'abritent dans la journée que le repos de tranquilles lecteurs ou des danses bruyantes d'enfants : ceux qui commencent la vie et ceux qui la finissent. Mais vers 1840 c'était un lieu de délices sans rival.

Toute l'aristocratie de Bordeaux et des Charentes s'y donnait rendez-vous autour de l'orchestre de Jules Massip, compositeur bordelais dont les airs de danse — entre autres *Mao y Maja* — s'étalaient sur tous les pianos. On se montrait dans les allées du parc le musicien Onslow, que ses admiratrices appelaient modestement le Beethoven moderne; Mme Mainvielle-Fodor, la *prima donna* du Théâtre Italien, celle qui, disant à un critique d'alors, H. de Latouche : « lorsque j'aurai cinquante ans... », lui inspira ce mot heureux : « Madame, vous vous trompez, des femmes telles que vous ont deux fois vingt-cinq ans, mais jamais cinquante. » On se montrait aussi Mme Louise Gouget, une pianiste en renom ; Hippolyte Carnot, le père du président de la République ; Eugène Pelletan, qui rêvait sous les ombrages au livre où il allait chanter sa ville natale.

L'ingénieur Botton, en traçant les jardins, avait marié avec beaucoup de goût le capricieux jardin anglais aux charmilles, aux allées droites d'un jardin public. Sur une butte élevée, un pavillon ingénieux, tournant de façon à ce que l'on y fût toujours abrité du vent, permettait de jouir d'un magnifique panorama. Des appareils de gymnastique, une balançoire, un tir au pistolet suffisaient à charmer les loisirs de la *fashion*, à cet âge d'or des directeurs de casinos.

Celui d'alors, à en croire Pelletan, était un homme d'initiative. Il creusa une glacière dans le rocher, fabriqua des glaces et des sorbets, donna des fêtes, tira des feux d'artifices, effaroucha les goëlands à une lieue à la ronde du bruit de ses fusées et de ses orchestres, appela une troupe d'écuyers au secours de tous les plaisirs, et installa dans le voisinage le vaudeville de Bordeaux. Royan n'eut plus rien à envier à aucun établissement de bains de mer, dans aucun pays.

Rien à envier !

C'eût été peut-être la sagesse pour des esprits timorés. Mais les Royanais n'étaient pas de nature à se contenter à si bon compte. Les deux nouveaux casinos, auprès desquels l'ancien est demeuré pour témoigner de la modestie des débuts, sont venus démentir l'auteur de la *Naissance d'une Ville*. L'avenir a prouvé qu'on pouvait être fort mauvais prophète, tout en restant excellent philosophe.

Mais Pelletan pouvait-il prévoir que Royan deviendrait la plus belle plage de l'Atlantique, et que ses compatriotes le feraient revivre en bronze en face des flots qu'il avait chantés ?

Aujourd'hui, la petite ville que le maître écrivain avait vu naître est devenue grande fille.

Avec ses façades monumentales, décorées de balcons, de frontons sculptés, de perrons majestueux, le quartier de Foncillon fait songer à une promenade d'autrefois. A côté du modernisme des villas du Parc, sa terrasse garde un cachet de grandeur un peu vieillot, comme certaines rues de Versailles, ou mieux encore comme ces « cours » que les Tourny ou les Blossac élevaient dans nos villes de l'ouest, à la gloire du Grand roi dont ils étaient les intendants. Mais le renom de Foncillon a de plus lointaines origines. Ses demeures luxueuses recouvrent les ruines de la citadelle où combattirent tant de vaillants capitaines, depuis Geoffroy de Tonnay-Charente jusqu'à ce Saint-Seurin qui eut si grand peur d'être pendu par Louis XIII. Ce n'est pas trop d'un illustre passé pour expliquer comment la bourgeoisie royanaise délaissa si longtemps la Grande-Conche pour le haut Royan.

Avant 1858 ce quartier si envié était bâti de petites maisons proprettes à un étage, avec jardinets en terrasse sur la mer. Le seul luxe des marins en retraite ou des modestes rentiers qui y habitaient consistait en des berceaux de vigne ou de chèvrefeuille, où l'on s'attablait pour boire au frais, en regardant passer les bateaux, comme les vieillards dans *Faust*. Naturellement, les maisons tournaient le dos à la mer : la falaise était occupée par un champ inculte, planté de piquets, où chaque ménagère venait à tour de rôle faire la lessive.

Un beau jour, le conseil municipal s'avisa

d'y tracer une promenade, et planta quatre allées de tamaris, le plus poétique arbuste de nos côtes. Puis, comme le casino venait de dessiner les allées de son parc, on imagina de relier par un pont rustique la promenade au jardin. Les dames purent venir, entre deux quadrilles, se baigner à la conche de Foncillon qui leur était réservée.

J'ignore combien de temps dura la vogue de ces bains. Il est probable que le sexe aimable, qui voyage plus volontiers dans les wagons de fumeurs que dans les compartiments réservés aux dames seules, délaissa de bonne heure une plage où l'on ne trouvait à médire qu'entre femmes. Mais la promenade de tamaris subsista jusqu'en 1880 : il fallut les travaux d'essai d'un port en eau profonde pour faire disparaître ce coin charmant, encore regretté de quelques vieux baigneurs.

En revanche, le casino de Foncillon reconstruit dressa ses campaniles Renaissance au-dessus des villas; par une mystérieuse harmonie, le style François Ier inspira le ciseau du sculpteur, comme il avait guidé, trois siècles auparavant, celui des artistes qui avaient élevé Cordouan en face, sur la grande route d'Amérique.

Aujourd'hui la petite place de Foncillon est
une véritable salle d'ombrage. Elle a ses
habituées qui, dès le matin, viennent s'asseoir
autour des arbres, un livre ou un travail
d'aiguille sur les genoux. Les doigts fuselés
blasonnent d'aristocratiques mouchoirs en dentelles, serrent des mains gantées de joueurs
de tennis; des groupes se forment; on ba-
varde, et le prochain n'est pas plus épargné
que dans cet autre coin où l'on potine, l'allée
rivale du square Botton.

Il a fallu cinquante ans pour transformer
Foncillon. Quelques années ont suffi pour faire
surgir le casino Municipal et créer un coin de
verdure sur la place poussiéreuse de l'ancien
champ de foire. Aujourd'hui les vieux habitués
n'en peuvent croire leurs yeux. C'est un petit
parc qui entoure les blanches façades, un
parc qui donne de l'ombre, avec des arbres
bien venus.

L'on a peine à remonter par la pensée de
quelques années en arrière, à l'inauguration du
nouveau monument, alors que des prodiges
d'ingéniosité avaient tout improvisé pour recevoir les hôtes de Royan, tout... sauf ce qui ne
s'improvise pas au bord de la mer, les arbres

et l'ombrage. Mais qu'importe! C'était l'âge héroïque, l'enfièvrement des grandes luttes. Sur chaque scène on se battait à coups d'étoiles, et Sarcey mettait comme l'épée du gaulois sa lourde plume dans la balance. Les arbres manquaient? Belle affaire! Les grands architectes de la Renaissance en plantaient-ils autour de leurs *nobles et excellens bastiments?*

Parterres brodés en rinceaux comme de la dentelle, arabesques ou ornements à la mauresque, longues allées en quinconces, bassins d'eau vive avec rochers garnis de poissons, de grenouilles ou de coquillages représentés au vif comme les rustiques figulines de Palissy : voilà ce qui convenait au beau casino nouveau-né!

Je ne sais si l'architecte eut la pensée que notre enthousiasme lui prêtait, mais il semble bien qu'il l'ait réalisée en partie quand il a laissé devant son monument ce vaste terreplein qui forme terrasse, cette seconde salle des fêtes qui a l'azur du ciel pour plafond, l'azur des eaux pour décor. Une balustrade ajourée, juste à hauteur d'appui, la sépare de la plage. Que dis-je, la sépare? Cette légère dentelure n'est pas même une barrière. La belle façade dresse sans obstacle sa perspective aérienne au-dessus de la plaine des sables, au-dessus de la plaine des flots.

C'est le soir, pendant les entr'actes du théâtre qu'elle est belle à voir, la séduisante terrasse ! Avec ses plates-bandes alignées à la française, ses balustres de pierre, ses allées d'arbres touffus, elle fait penser à quelque château princier. Les promeneurs en habit de fête gardent un reflet des grâces d'autrefois.

L'architecte a voulu en faire le centre de la vie en plein air, comme il avait fait de la salle des fêtes le centre de la vie intérieure. Il a tout mis en œuvre pour y retenir ses hôtes. Deux grandes tentes, allongées le long de la mer, abritent des tables de restaurant ; à l'entrée, sous les arbres, Guignol réunit petits et grands autour de son théâtre minuscule. Tout auprès, sous une baraque rustique, s'étalent des bonbons et des fleurs. Le long de la plage, juste au-dessus de la passerelle réservée aux promeneurs du dehors, le kiosque de la musique envoie ses rythmes berceurs en même temps aux abonnés du casino et aux curieux groupés sur le sable.

Le jour, à l'ombre des tentes, la vue plane sur la baie éblouissante de lumière, entre le panorama féerique de Vallières et le promontoire du vieux Royan, étagé au-dessus du port et des boulevards.

Le soir, les tentes se roulent, les voiles se lèvent, la douceur de la nuit s'épand sur la terrasse en face des flots argentés par de merveilleux clairs de lune. Puis, tout à coup, au moment où s'allument les premiers phares à l'horizon, le casino s'illumine, la blancheur laiteuse des globes électriques se mêle aux papillons d'or des rampes de gaz, une longue traînée de feu vient enflammer la mer. C'est la fête des hommes qui commence, au milieu de la fête des choses, du poème des flots, des étoiles, de la nuit.

III

SUR LE SABLE

Entre les falaises de Vallières et la jetée où s'abrite le port, tout le long de la verte corbeille du Parc, la Grande Conche déroule son circuit de sable fin. Plage unique, sans rivale en France, créée par la nature bienfaisante pour donner aux débiles les rayons du soleil, la brise du large, l'action réconfortante des flots !

Elle est si vaste, la belle conche, qu'elle paraît démesurée au baigneur qui l'aperçoit pour la première fois. De la jetée, en plein midi, elle ruisselle de lumière. Tous les détails s'effacent : on n'a plus devant soi qu'un merveilleux décor, si vaste qu'on se sent comme perdu entre la courbe infinie des sables et l'horizon de la mer sans fin.

Impression d'un moment. Bientôt l'œil, familiarisé avec les distances, découvre dans cette uniformité apparente une variété de détails, une intensité de vie qui donne à la plage, à quelque endroit qu'on la prenne, un aspect différend et tranché. Autour de la silhouette de bronze de Pelletan, les arbres du square Botton, correctement alignés, évoquent les bancs abrités où de calmes baigneurs viennent lire les feuilles du jour en surveillant des jeux d'enfants.

Plus loin, c'est le casino Municipal avec ses frontons délicatement fouillés et ses toitures violettes entourées de verdure. Puis, les hautes villas du boulevard Frédéric Garnier étagent leurs façades capricieusement ornées, et les premiers arbres du Parc apparaissent, alternant avec les toits capricieux des chalets.

Bientôt les yeux ne découvrent plus qu'un dôme verdoyant, avec de larges échappées d'avenues, où les équipages se croisent ainsi qu'en un bois de Boulogne. Et tout au bout, dans le lointain, les premières assises de Vallières viennent fermer le circuit, jusqu'au promontoire où la vague rebondit écumante sur les rochers déchiquetés.

Sur cette Grande Conche la mer est si douce, si débonnaire que personne n'en a peur. Il semble qu'elle se mêle à la vie des riverains, qui empiètent de la façon la plus cavalière sur son domaine de sable. Partout les cabines de bains alignent leurs toitures multicolores, comme de jolis pastiches de villages lacustres ; de chaque maison du boulevard une famille vient planter sa tente à deux pas de la vague.

Bientôt c'est par centaines qu'on compte les frêles abris de toile. Tentes et parasols voisinent à se toucher. A l'heure de la marée, la plaine de sable doré semble un champ moissonné où les meules de blé seraient roses et blanches avec, pour glaneurs, des troupes d'enfants aux jambes nues.

La mer est si bonne, elle aime tant Royan, qu'elle ne se fâche pas de cette audacieuse possession. Nulle part elle ne fait sa vague plus caressante. Toute la journée, les petits peuvent mener leurs rondes joyeuses, édifier leurs forts, creuser leurs tranchées : pour leurs travaux lilliputiens, cette plage géante a des douceurs de mère.

Tout auprès de nos petits ingénieurs, de grosses méduses rondes, misérablement échouées sur le sable, étalent leur masse gélatineuse. Elles sont affreuses, comme tout ce qui est mort, tout ce qui est corruption. Mais en face de la nappe bleue des eaux, sous l'azur d'un ciel sans nuages, à côté des délicates coquilles rosées ou dorées qui émaillent la plage, leur aspect tourne à l'horreur. On s'explique le terrible nom mythologique donné à des êtres inoffensifs. Leurs longs tentacules visqueux font songer aux serpents de la Gorgone. On détourne les yeux comme si cette gelée de mer avait le pouvoir pétrifiant du trophée de Persée.

Les enfants, eux, n'ont pas peur. La vie ne leur a pas encore appris que la laideur physique correspond souvent à la hideur morale. Luisant sur la plage comme un œil de verre énorme, le gros disque les amuse. Avec leurs pelles, à quatre ou cinq, ils unissent leurs forces pour voir ce qu'il y a dessous. Entreprise pénible ! La gelée transparente échappe et ne se laisse pas retourner. Les petites mains s'évertuent, elles redoublent d'efforts, elles font si bien que leur persévérance finit par triompher. Floch ! La grosse masse retombe sur le sable avec un bruit de linge mouillé. Un crabe, qui déjeunait, s'enfuit à la mer, furieux de voir son repas interrompu. Les enfants le suivent des yeux, un peu effrayés. Tout penauds, ils restent campés devant la méduse renversée, plus horrible maintenant qu'elle est sens dessus dessous. Le cœur gros de déception, ils regardent le crabe s'enfoncer en boîtant dans la vague : il leur semble qu'ils ont mis en fuite le génie de l'inconnu...

Le grand poète que fut Michelet a écrit d'admirables pages sur ces êtres à peine organisés que son ardent amour de la nature appelait « Filles des mers ». Il les a observées à Saint-Georges, pendant cette saison de 1859 où il écrivit *la Femme*, sur la dune aux âpres senteurs d'œillets et d'immortelles. Il les voyait fatalement poussées par la passe, jetées à la côte par centaines, sécher là misérablement. Grosses, blanches, fort belles à leur arrivée, elles lui semblaient de grands lustres de cristal, avec de riches girandoles où le soleil miroitant mettait des pierreries.

Hélas ! qu'adviendrait-il au bout de deux jours de ces joyaux des mers, si la plage n'avait pas ses nettoyeurs infatigables ? Fort heureusement d'innombrables pucerons se mettent à l'ouvrage dès que le flot s'est retiré. Ils déchirent, ils dévorent. Les mouettes et les goélands donnent en volant un coup de bec. Peu à peu la grosse masse s'enfonce dans le sable. L'implacable soleil de midi dissout ce corps sans abri, sans coquille, sans épiderme. Ce qui fut une méduse s'absorbe dans le mystérieux laboratoire où se refont les vies nouvelles. Mais le phosphore électrique dont elle était pénétrée se dégage après sa mort au milieu des brisants de la vague, et dans la grande féerie que l'océan déploie aux nuits orageuses, on voit courir le long de la plage un léger ruban de feu pâle.

Vivante, c'est dans la mer, son élément naturel, qu'il faut voir cet être étrange. Je me souviens d'une excursion en Gironde, par un beau jour de septembre. L'air était d'un calme admirable. Nous longions la côte du Médoc, et l'eau était si claire que nous apercevions dans la vague des milliers de petites méduses. Grandes comme la main, singulièrement jolies, elles flottaient, bercées par les flots. Leur blancheur d'opale se nuançait de tendre lilas. Leur couronne de tentacules, fins comme des cheveux, ondulait dans le sillage du navire. Le soleil se jouait sur ces légères ombrelles vivantes. C'était un jardin de petites merveilles.

Ainsi réduite à la taille d'une fleur, la méduse n'a plus rien de repoussant. Sur la côte sauvage, à la Pointe Espagnole, le terrible courant de Maumusson en fait chaque soir une jonchée. Elles ont l'air dans le sable de gros cabochons, comme en mettaient les anciens orfèvres à leurs reliquaires. Chose étrange ! Elles sont bleues, de ce bleu turquoise que l'on admire aux glaciers. Sur cette côte désolée, où elles agonisent au milieu des débris de barques naufragées, le ciel clément, vers qui elles exhalent leur atome de vie, laisse tomber sur elles un pan de son manteau bleu.

——

IV

LA FORÊT DE SHAKESPEARE

Cinq heures ! Le chemin de fer Decauville fuit à toute vapeur vers le Parc, sous la fraîcheur bienfaisante des pins.

Tout le long de la Grande Conche, la mer, en pleine morte-eau, garde un calme irritant. Les steamers de Bordeaux, dont la coque noire barre la baie, font songer à de gros poissons morts. Deux ou trois canots de pêche, une chaloupe qui attend la brise, étalent des reflets où pas une ligne ne tremble. Sous ce ciel pesant, écrasant de lumière, l'eau semble du plomb fondu. En vain quelques baigneurs cherchent à perdre pied : dans le calme de la nappe laiteuse, ils laissent à chaque pas un sillage comme des mouches sur une jatte de lait. Seuls les enfants ne souffrent pas de l'orage imminent. Leur troupe essaime la plage, petites fleurs vivantes posées sur le sable, au bord du flot.

Avec cet éclairage à contre-jour, le haut Royan, Foncillon, les maisons blanches de la vieille ville, la ceinture verte des boulevards, le léger clocher ajouré, se confondent dans un décor d'ombres chinoises, tandis qu'en face, les rochers de Vallières, aveuglés par les rayons d'orage, prennent des teintes de feu.

Brusquement le train tourne dans la forêt.

Voici le Parc avec ses allées ombreuses, ses villas endormies dans un demi-jour de cloître. A travers les troncs d'arbres, on aperçoit des décors de théâtre. Plus loin, une piste bitumée, les débris d'une clôture, rappellent le vélodrome en deuil de sa clientèle de cyclistes et de record-men. Puis la dune devient déserte. L'homme n'a pas poussé plus loin ses amusements. La nature déploie en éventail ses fougères monotones entre les colonnes grêles des pins, comme aux premiers temps de la création.

Je sais une allée, à peine tracée dans ce fouillis de verdure, qui serpente entre les dunes au hasard des inflexions du sol. Elle franchit un ruisseau à demi caché sous les roseaux ; puis, tout à coup, sous un chêne vert, entre des branches de vigne folle, on aperçoit la mer. La mer... ou le ciel, car l'œil ébloui ne sait plus d'où lui vient cette échappée d'azur, du ciel sans nuages ou du miroir des eaux.

Pourquoi certains paysages ont-ils le don de nous émouvoir ? D'où vient ce bien-être intense qui nous pénètre devant certains sites ? Un peu de verdure, beaucoup de soleil, un coin de mer bleue, pourquoi ceux-là et non pas d'autres ? Nous passons insensibles devant de bien plus beaux, mais nous revenons à ces paysages déjà vus où la nature, qui nous dupe, nous berce chaque fois de la même émotion, comme si elle voulait nous laisser croire que nous n'avons pas plus changé que le ciel, les arbres et la mer infinie.

J'aime le Parc à l'égal de ces livres de jeunesse qu'on rouvre toujours à la page préférée, j'aime ses ombrages paisibles, si propices pour bâtir, chemin faisant, quelques petits châteaux en Espagne. On découvre, au détour d'une allée, une perspective gracieuse, une échappée où les pins s'écartent pour laisser la mer montrer un pan de sa robe. On arrête sa flânerie pour y construire une villa avec ses tourelles, sa véranda, ses toits pointus, fantastique palais qui n'a besoin que de l'éclair d'une pensée pour surgir de la verdure.

Vous pouvez ainsi élever en quelques étés, assez de chalets pour y loger toutes les armées que Don Quichotte découvrait dans les nuages.

Notez que l'année suivante, lorsque vous revenez à Royan, vous avez parfois le plaisir de voir votre rêve réalisé. Pendant l'hiver, le château en Espagne a pris la forme d'une belle façade dont le toit rouge troue le rideau de pins juste à votre place préférée. Vous vous applaudissez de votre bon goût, et vous avez l'intime satisfaction de celui qui, regardant tourner les petits chevaux, voit arriver le numéro qu'il avait ponté mentalement. Le gain est pour un autre, mais ça lui fait quand même plaisir.

Je viens de goûter un peu de ce contentement d'amour propre en voyant sortir de terre un nouveau chalet à un des endroits les plus jolis du Parc, tout près de la dune, dans un coin abrité que j'aurais choisi moi-même si j'avais pu me faire construire une villa. C'est un artiste lyrique qui en est l'heureux possesseur.

Un acteur ? me direz-vous.

Eh oui ! un acteur, un véritable acteur qui a réalisé ce rêve de campagne que tous, petits ou grands, caressent dès qu'ils ont mis le pied sur les planches, un acteur qui veut oublier à Royan le cadre de carton, le ciel de toile et la verdure peinte où il a gesticulé tout l'hiver ; un acteur qui aspire à l'horizon infini de la mer pour se consoler du trompe-l'œil « côté cour » et « côté jardin ».

Je comprends son choix. Le Parc lui plaira. L'acteur aux champs ne cherche pas la vraie campagne. La solitude lui fait horreur. Il veut du feuillage, des plein-air qui ne soit pas signés Jusseaume ou Jambon, des rochers qui n'aient ni cadres, ni châssis, ni praticables, mais il ne lui déplaît pas de rencontrer quelques spectateurs aux premières.

Le Parc, c'est la coulisse de la campagne.

C'est l'antithèse perpétuelle d'un magasin de décors où les châssis, les fermes empilées voisinent de la façon la plus disparate du monde, un mètre de forêt vierge côte à côte avec un mètre de palais. Ici c'est la dune inculte, avec sa flore d'immortelles et d'œillets roses, ses chardons bleus, ses fougères à l'orée du bois. Deux pas plus loin le boulevard se déroule entre deux trottoirs entretenus comme l'avenue des

Champs-Elysées. Vous vous croyez en pleine forêt ; les vignes vierges, les houblons, mille plantes grimpantes vous enlacent d'un réseau inextricable. Quand vous percez ce rideau de lianes, vous découvrez une villa modern style, peinte des plus fraîches couleurs, avec une corbeille de jolies femmes habillées par « le bon faiseur ». Au Parc, les lapins font leur toilette de nuit sous les becs de gaz.

Daudet, ce charmeur qui contait comme un oiseau chante, écrivit un jour le « Sous-préfet aux champs ». Quel joli pendant à son tableau il aurait pu composer à travers nos bois et nos plages, en écoutant le dialogue des acteurs avec la nature ! Que leur disent-elles les petites vagues lorsqu'ils vont se baigner à leur conche favorite, le Chay ? Murmurent-elles encore les malicieuses chroniques que leur soufflait Sarcey, ou gardent-elles les rires perlés de Cléo de Mérode et d'Odette Valéry ? Et vous, ombrages du Parc qui vîtes passer la blonde ingénuité de Marie Lecomte et la grâce troublante de Georgette Leblanc ; mousse des bois qui gardez l'empreinte du petit pied de Jeanne Chasles ou de Sandrini ; rochers où vint s'asseoir Sanderson et la grande Sarah, que dites-vous aux comédiens qui passent ?

Sans doute, bonne nature, vous les querellez, pour les punir de courtiser votre rivale l'illusion. Mais votre mauvaise humeur ne tient pas. Vous savez bien que si les acteurs vous enlèvent chaque soir vos amants, c'est pour vous les renvoyer le lendemain plus épris, l'âme ouverte et attendrie par les rythmes berceurs des orchestres et la cadence des vers.

V

FLEURS DES PLAGES

Le sourire de Royan, ce sont les fleurs.

Je ne songe pas seulement à vous, hôtes modestes des bois, onagres au calice jaune comme du safran, bruyères finement découpées, œillets roses à l'odeur troublante qui avez inspiré à André Lemoyne ces jolis vers :

> L'œillet sauvage, fleur du sable,
> Exhale son parfum poivré,
> Et je me sens comme enivré
> D'une ivresse indéfinissable.

Je veux parler de vos sœurs orgueilleuses des jardins, qui, nulle part, n'étalent une plus somptueuse parure, un port plus majestueux, un sourire plus engageant.

Au temps où écrivait Pelletan, la culture des fleurs charmait les loisirs des Royanais. Capitaines au long cours, vieux corsaires, débris des armées de Napoléon, retirés dans leurs petites maisons de la falaise, soignaient au milieu des giroflées et du romarin, les plantes exotiques qui leur rappelaient les contrées où s'était passée leur jeunesse. Gardénia ou jasmin du Cap, spirée du Japon à l'aigrette penchée sur le côté comme une plume d'autruche, éphémère de Virginie, violet foncé avec des épingles d'or piquées au milieu de la corolle : on pouvait faire le tour du monde, en faisant le tour de leurs parterres.

Mais ces fleurs frileuses gardaient la chambre une bonne partie de l'année.

Lorsque Royan, prenant la clef des champs, essaima ses chalets sur la Grande Conche, sa flore aussi se transforma et s'accommoda au plein air. De Vallières à Pontaillac chaque villa épingla à sa façade un parterre fleuri comme un bouquet de corsage.

La vague gronde à quelques pas. Le vent, s'il souffle en tempête, apporte sur les tiges frêles ses gerbes d'écume. Mais les fleurs s'épanouissent aussi à l'aise que dans une serre, au milieu d'un tapis de gazon plus vert qu'au Parc Monceau. La mer, qui fleurit de roses les joues des pâles jeunes filles, fait surgir, par un miracle aussi surprenant, des parterres de dahlias et de géraniums sur le sable stérile.

Ces massifs charmants et fragiles réclament des soins. Dès l'approche de la belle saison, une armée d'horticulteurs vient transplanter dans les villas les fleurs qu'ils ont fait naître à Tapin-Nègre, aux Eperrailles, à la Font-de-Cherve. C'est là qu'ils ont leurs jardins. Depuis le Chay jusqu'à Saint-Pierre, on ne voit que parterres, vergers ou potagers. L'orgueilleux tournesol, le glaïeul, l'héliotrope, la pâquerette, la marguerite-reine, le géranium-lierre, l'œillet, le phlox, la pensée, l'eupatoire, le dahlia, s'étalent en plates-bandes superbes, comme les cases d'un échiquier multicolore.

Je suis allé, pour une fête, choisir une gerbe dans un de ces paradis floraux. J'en connaissais depuis longtemps les occupants, un ménage de vieux royanais, qui ont vu construire, depuis quarante ans, toutes les villas qu'ils fleurissent. La femme m'a promené dans les allées et, tout

en coupant la moisson embaumée, elle m'a
conté ses ennuis.

La fleur, paraît-il, est une ingrate. Elle ne
rend pas les peines et l'argent qu'elle coûte. Maigre rapport, les bouquets communs que l'on
porte chaque jour au marché et que la cuisi-
nière marchande autant que le beurre ou les
œufs ! La fleur de luxe, la gerbe à un louis ou
deux, se demande de moins en moins. Bientôt
les plus purs calices s'ouvriront pour les abeilles
et les oiseaux du ciel.

Que veut dire ceci ? Les royanaises n'aiment
donc plus les fleurs ? Les divas des casinos
n'ont donc plus d'adorateurs pour leur offrir,
par dessus la rampe, des corbeilles parfumées
aux rubans soyeux ? Va-t-elle disparaître cette
coutume charmante, qui faisait naître tant
d'émulation, de jalousies sans danger, de
batailles à coups de roses ?

On parle encore sur la plage de la rivalité
qui éclata à la fin d'une saison de grand opéra,
entre Mme Lureau-Escalaïs et Mme Deschamps-
Jehin. Il y eut un quatuor de *Rigoletto* qui fut
fort mouvementé, par toute autre cause que
l'action du drame.

A partir de ce malheureux quatuor, les deux
grandes cantatrices se regardèrent de travers.

Chacune d'elles avait ses partisans. Pour un peu plus on aurait vu la moitié de la salle arborer les couleurs du soprano, et l'autre celles du contralto.

Pendant ce temps, la Direction, qui se trouvait entre l'arbre et l'écorce, ne s'amusait guère. Elle essayait de calmer les nerfs de ses divas en les couvrant de fleurs. Mais, comme toujours, il arriva ce qui advient aux gens les mieux intentionnés : en voulant trop bien faire elle compliqua encore la situation. Un soir, une superbe gerbe adressée à Mme Deschamps-Jehin fut remise à Mme Lureau-Escalaïs. Ce fut le bouquet ! On ne laissa plus, cette année-là, offrir aucune fleur sur la scène.

Les dons de Flore, par bonheur, n'ont pas tous une carrière aussi tapageuse. Il en est de modestes, chers au rêveur et au poète.

Depuis ce matin, j'ai sur ma table une délicieuse petite cruche en grès. Le bibelot m'a coûté quelques sous. La marchande, qui l'avait relégué au fond d'une caisse avec d'autres poteries communes, eût sans doute souhaité une vente plus productive. Mais j'ai le travers, bien excusable, de préférer à de prétentieuses céramiques les charmants produits de notre art populaire national, qui ont su garder, à travers tant de siècles de mauvais goût, les formes pures du galbe antique.

J'ai cueilli, pour garnir mon vase, une touffe de chardons bleus, — une seule. Je fuis cet assemblage disparate que l'on appelle bouquet. La fleur est un être délicat qui hait la promiscuité et ne dégage son charme qu'érigée librement dans un calice aussi léger que sa tige. Du col étroit de la gracieuse aiguière, mon chardon bleu étage ses feuilles épineuses aux inflorescences violacées. La lumière joue capricieusement sur ses teintes délicates, qui passent du gris argenté au vert, au bleu et au mauve, avec les nuances indécises des vieilles soies.

Une si belle plante devrait-elle s'appeler chardon, même avec l'épithète atténuante de « bleu » qui se rencontre rarement sous la dent des ânes? Ces messieurs à longues oreilles ne se nourrissent point d'azur, comme les coursiers d'Apollon. Les hommes non plus, car je ne connais aucun aliment bleu. Le créateur a réservé cette couleur pour l'azur du ciel et pour les yeux de certaines femmes.

Dans quelques jours la plante sera sèche. Ainsi que ces poissons dont les écailles reflètent toutes les couleurs de l'arc en ciel quand ils se balancent aux mailles ruisselantes du filet, le chardon bleu perd sa délicate parure hors de son élément naturel, la dune. Il semble que son coloris indéfinissable ne soit qu'un reflet de la nature ambiante. Il s'évanouit loin du sable d'or, du soleil éblouissant et de l'écume des vagues. Mais, même séchée, sa tige épineuse conserve la grâce de son port, le charme de son feuillage au ton de vieil ivoire. Elle fait songer aux végétations de pierre que le caprice des architectes enroulait autour des chapiteaux, dans les cathédrales gothiques.

J'adore ces fleurs qui, dans l'éclat de leur beauté, ont déjà la pâleur et la sécheresse de fleurs fanées; en pleine vie, les couleurs effacées des choses mortes; au milieu de la verdure ambiante, les teintes de l'herbier.

Ce sont les fleurs du souvenir. On ne les trouve que dans la montagne, frissonnantes des baisers de l'aurore, au-dessus des nuages roses, sous l'infini de l'azur, ou bien sur les plages, au bord des flots, en face de cet autre infini du large et de l'horizon sans fin. La nature en a jalonné notre route pour perpétuer à jamais de sublimes visions.

Voyez-les, sur nos plages, nos beaux chardons

bleus, dans le triomphant éclat de leur feuillage d'acanthe ! A Nauzan, à Saint-Serdolin, au Bureau, ils essaiment le sable à deux pas de la vague, tout près de la dune où monte l'âpre parfum des pins, des immortelles, des œillets sauvages.

Fleurs des mers s'il en est, avec leur adorable teinte bleuâtre qui semble dérobée aux flots, à l'heure où le soleil descend derrière Cordouan, où sous le ciel décoloré la mer garde encore un reflet d'azur !

Bruyères rosées des marais salants, immortelles au parfum troublant, chardons bleus des sables, ont reçu du vent du large le don de sécher sans se flétrir. Comme leurs sœurs des monts, sur les cimes des Vosges ou de la Savoie, elles ont puisé dans l'air plus fort un souffle d'immortalité.

Le maître ébéniste et céramiste Gallé a immortalisé le chardon de Lorraine. L'*Eryngium maritimum* est plus ornemental encore. Aucun artiste n'a pourtant songé à reproduire sa feuille d'acanthe, qui appelle d'elle-même l'acier bleuté. Les souvenirs pour touristes foisonnent dans les bazars. Tous représentent invariablement un phare de Cordouan, posé en pal sur champ d'azur, ou des chaloupes de pêche naviguant sur une cuve de teinturier. Quelque industriel avisé ne songera-t-il pas à faire peindre l'*Eryngium* sur ces menus objets de buis qu'on emporte au départ, presse-papier, classe-notes, coffrets ou cadres ? En Ecosse, l'ordre du chardon est un des plus anciens et des plus prisés de la noblesse. Pourquoi Royan, qui n'a pas d'armoiries, ne mettrait-il pas dans son blason un chardon bleu ?

Chardon bleu ! le mot est revenu sous ma plume. Je le préfère vraiment au mot latin. Mais si ma modeste fleur reste chardon, si elle doit périr, comme ses frères malheureux des routes, sous la dent des coursiers à longues oreilles, que ce soit du moins dans la bouche de quelques uns de ces ânes lilliputiens du Caire, si coquets, si délicats, si frêles avec leurs jambes menues ! Il n'y a que ces blanches petites bêtes qui méritent de brouter d'aussi gracieuses plantes.

———

VI

PONT D'AVIGNON ROYANAIS

Isthme étroit qui relie la terrasse à la plage, rude calvaire que gravit essoufflé le Decauville chargé de voyageurs, côte rapide que dégringolent à grand bruit de grelots les omnibus de la gare, — le remblai du boulevard Lessore est un pont d'Avignon royanais où tout le monde passe et repasse, où les promeneurs filent comme des gouttes d'eau sur le marbre, entraînés par la courte pente. Mais le flot des promeneurs qui incessamment monte et remonte cette rampe escarpée, traverse, sans s'y perdre, le petit lac tranquille du square Botton. Au milieu, le courant impétueux roule vers le casino Municipal. Sur les bords, à l'abri des grands ormeaux, règne la paix d'une eau dormante.

Dans ce terre-plein sablé du square les arbres croissent d'une merveilleuse venue. La serpe, qui chaque année arrête leur élan, leur donne un faux air de parasols. Quelques-uns, des plus beaux, fortement éprouvés dans un incendie déjà lointain, ont poussé le paradoxe jusqu'à couvrir de verdure leurs troncs calcinés. Entre les allées en quinconces, des rangées de menues boutiques, vertes sous leurs tuiles rouges, semblent les boulevards d'une ville de poupées. Les étalages ont dix pieds de façade ; une douzaine de commerces différents tiennent en quelques mètres carrés. Cette rue du Caire en miniature est une joie des yeux.

L'Alimentation expose des gaufres substantielles qui sortent toutes dorées de leurs fers, des glaces à 10, 20, 30, 50 centimes ; d'innombrables sucreries que de prestigieux confiseurs font voltiger entre leurs doigts, devant les gamins ébahis. Le Tissu et le Vêtement étalent des broderies et des dentelles ; la Céramique, des bibelots d'étagère et la gamme blanche des albàtres. Le pavillon des Beaux-Arts est représenté par deux galeries de tableaux extra-modernes, où les marines prennent les tons les plus éclatants de l'outre-mer à côté de soleils couchants du plus pur cadmium. Les Colonies enfin revivent dans les plumages multicolores d'oiseaux des îles qu'un vieux marchand élève en des cages minuscules.

Le pas tranquille des flâneurs, les rires d'enfants, les groupes attentifs de curieux, animent discrètement ce joli coin dont le calme est du tumulte à côté du recueillement de l'allée des chaises, sa voisine.

Là, depuis la statue de Pelletan jusqu'au bar Américain, sous une voûte de verdure impénétrable aux rayons du soleil, des centaines de chaises s'alignent en face des flots. Dès le matin, les gens paisibles, pour qui le besoin d'émotions se borne à la lecture du fait divers de la veille, viennent y savourer leur journal. Des mères de famille apportent un roman commencé l'an passé, leurs filles un ouvrage au crochet qu'elles termineront, Dieu sait quand ! Sous ces ombrages apaisés, les enfants jouent sans bruit : les chiens descendent sur la Grande-Conche pour aboyer. La silhouette de Pelletan, avec son attitude songeuse, semble donner le ton, et certaines figures, plongées dans la lecture de la critique littéraire du *Temps*, sont moins vivantes que le bronze du grand homme royanais.

Encouragés par ce silence, des rangées de pêcheurs à la ligne trempent leur fil dans l'onde amère. Le parapet du quai les a trompés. Ils se croient au Pont-Neuf ou au Point-du-Jour. Sans rien prendre, ils suivent leur bouchon, au gré de la vague complaisante qui de temps en temps l'agite pour faire croire que « ça mord. » La mer se lasse avant leur patience. Elle se retire, et ses innocentes victimes plient bagage pour revenir à la prochaine marée attendre le mulet problématique.

Voici la nuit. Comme au coup de sifflet d'un machiniste le décor change. Un piano frappe quelques accords, un autre lui répond, les violons préludent, et tout un public, sorti on ne sait d'où, s'aligne le long du bar Américain. Auditoire composite, s'il en est : marins débarqués de la pêche, venus avec leurs femmes et leurs mioches entendre gratter une romance, bonnes des hôtels voisins, jolies parfois sous leur bonnet de linge, gens de maisons, gamins bruyants à qui les dilettanti imposent silence.

Et l'on est attentif à ce parterre improvisé. On écoute l'incroyable symphonie où la voix gouailleuse du comique en vogue se mêle au mezzo fatigué de la forte chanteuse, où l'on apprend que « sœur de l'Espagne et du sérail », Palerme est une étrange ville, tandis qu'à côté une demoiselle demande à grands cris qu'on lui verse du « Chambertin » sans doute à cause de la rime avec « quartier latin ».

Mais écoutez! le spectacle se raffine. C'est presque une audition musicale qui se donne en haut du remblai, à cette terrasse brillamment éclairée, évocatrice d'un Pousset du boulevard, avec ses tables sous la véranda, ses garçons affairés, son public sélect de baigneurs, ses toilettes féminines. C'est l'orchestre du café des Bains. Le clan élégant des habitués des casinos s'attarde à la fraîcheur des nuits dans ce coin préféré du Royan qui s'amuse. Acteurs et actrices, mondains et mondaines, soireux en cravate blanche et en smoking, papottent par petites tables, tandis que sous l'œil attentif du restaurateur circule, empressée, la cohorte des garçons. Les mesures de valse s'envolent, les fantaisies d'opéra alternent avec les marches et les polkas : la foule s'épanouit d'aise à la cadence des airs rythmés et faciles.

Entre deux morceaux, on va voir le voisin Pons confectionner ses berlingots. Les curieux de tout âge s'arrêtent à sa baraque en bois sans compter un cercle d'enfants dont les langues roses arrivent juste au niveau de la table sacrée, — ou sucrée, si vous préférez. En général les grandes comme les petites personnes ne s'éloignent pas sans un bâton de sucre à la bouche. Le respect humain nous prive de tant de petits bonheurs qu'elles ont, ma foi, bien raison de mépriser le qu'en-dira-t-on.

La confection du berlingot est un art. Lorsque le sucre cuit tombe de l'énorme casserole sur la table de marbre, c'est une masse sombre, de nuance imprécise, où le jaune, le rouge, le brun, le vert prennent les teintes passées des tapisseries. « Sera-t-il dieu, table ou cuvette ? » Les bambins qui n'ont pas encore appris La Fontaine s'écrient simplement : « Monsieur Pons, à quoi sont-ils ? »

Patience ! L'habile confiseur attaque la pâte brûlante. Il la tourne, la retourne, l'allonge, l'étire. Les couleurs s'avivent, les jaunes luisent comme de l'or, les roses deviennent cerise, les bruns revêtent des tons de cuivre neuf. Bientôt c'est une chevelure de verre filé, un écheveau de soie sortant du cocon, une écharpe chatoyant sous la lueur du gaz comme le voile d'une danseuse d'Orient. La pâte est à point. Malgré ses muscles de prévôt d'armes, Pons, — le nom prédestine,

— est impuissant à l'étirer davantage. Il se hâte de la mettre en bâtons avant qu'elle ne refroidisse. Les sous s'apprêtent, les mains se tendent. Ces « messieurs et dames » sont servis. D'aimables vendeuses distribuent la manne.

Ceux-ci s'en vont, d'autres reviennent, et la veillée se prolonge, entrecoupée des coups de trompe et du fracas de roues du Decauville, jusqu'à ce que la sortie des cercles indique l'heure de la retraite. Un à un les cafés se ferment, l'auditoire se disperse, le silence se fait sur les boulevards.

Le square Botton est rendu à la poésie de la mer et du rêve. Sous la verdure sombre des arbres, découpés comme un décor de théâtre, la baie se détache, inondée de lumière. Les rayons du phare se croisent avec la robe de flamme du casino Municipal, la vague semble d'or liquide, et au loin jusqu'à Vallières, des milliers de mouches de feu tressent une couronne lumineuse aux flots. Puis, les heures s'écoulent. Lampadaires, globes électriques s'éteignent. La lune, du haut du ciel, épand sa nappe d'argent sur la baie endormie.

Seuls deux agents de police arpentent l'allée déserte, tandis qu'un chien, sur le parapet, aboie à une chaloupe appareillée pour la pêche, toutes voiles dehors.

VII

SUR LA TERRASSE DU PORT

Du modeste port d'échouage, la foule estivale ne connaît que les mâts effilés des barques, fleuris d'étamine aux couleurs nationales, qui pointent au ras de la terrasse, boulevard Thiers. Parfois des groupes désœuvrés viennent s'accouder au parapet. Des yeux distraits contemplent un instant les chaloupes de pêcheurs, les côtres de pilotes, allongés sur leur lit de vase comme de bonnes bêtes à l'écurie. Mais les relents de saumure, les odeurs fortes de goudron font plisser les lèvres, pincer les nez aristocratiques ou mutins. La curiosité ne tient pas contre certains parfums. Les

« belles madames » vont porter plus loin le bruissement de leurs jupes, les pas menus de leurs souliers fins.

Seule la jetée, — l'ancienne jetée depuis que la nouvelle projette hardiment son môle en face de Vallières, — trouve encore grâce auprès des flâneurs. A certaines heures, le terre-plein du phare se garnit de promeneurs des deux sexes, qui suivent, lorgnette en mains, les évolutions des barques rentrant au port ou les culbutes, sur la crête des lames, d'une bande de goélands gris cendré. Mais les pêcheurs à la ligne sont les uniques visiteurs du quai pavé où s'amarrent les embarcations. C'est pour leurs yeux, abêtis par la contemplation muette du bouchon, que la lumière joue son admirable symphonie de couleurs, que les barques, vertes, roses, bleues, noires listonnées de blanc, étalent leurs teintes vives comme sur la palette d'un peintre, et que les clapotis des petites vagues fondent tous ces reflets en des nuances d'une douceur charmante.

Il existe ainsi tout un Royan que Royan ignore, un milieu à la vie distincte, particulière, originale, un quartier inconnu qui appellerait un Privat d'Anglemont, si l'on pouvait en quelques jours entr'ouvrir l'âme fermée des gens de mer. Mais pour pénétrer ces existences à part, on mettrait des mois, des années. Il faudrait vivre à bord d'une de ces barques aux flancs rebondis, partager la soupe aux poissons et couper dans l'énorme miche les tranches de pain qu'on sauce à tour de rôle, connaître la joie bruyante du débarquement après la pêche heureuse; descendre, en se tenant les bras et en chantant, vers les cabarets louches où, dans l'ivresse grandissante, on cause des menus incidents de pêche, des dangers courus à la mer, des mille riens qui font toute la conversation de ces vieux enfants naïfs, plus silencieux encore que les hommes des champs, car la rareté des gestes à bord leur a appris l'inutilité des paroles.

Et puis connaîtrait-on alors le marin, le marin royanais, surtout ? Saurait-on ce que pensent ces hommes en tricots de laine, en grosses vareuses bleues qui, tous les soirs, sur le parapet du boulevard restent des heures à suivre la foule des baigneurs courant à ces casinos où les marins ne fréquentent pas ? Désir, envie ou dédain ? Peut-on savoir ! Les anatomies fragiles habillées par des tailleurs coûteux, les membres grêles qui s'appuient sur une canne en attendant le fauteuil roulant doivent sembler méprisables à ces torses durcis par la manœuvre, à ces bras gonflés de muscles, à ces visages tannés par le vent et le soleil. Que ruminent-ils derrière leurs casquettes rabattues?

Peut-être rien. Peut-être ces baigneurs, ces femmes, ce luxe leur sont-ils une chose si lointaine, si étrangère, si indifférente qu'ils n'y trouvent que la distraction d'un moment, l'agrément d'un spectacle gratuit, le contraste d'une agitation fébrile qui rend leur farniente plus savoureux.

Certains, les pilotes surtout, sont moins impénétrables aux excitations du dehors. Ils ont une culture. Ils parlent des langues. Ils savent un peu de science. Leur maison, confortablement meublée en vue de la location estivale, — piano, aquarelles au mur, — atteste dans la famille la présence d'une jeune fille bien élevée. Dans leur jardin ils greffent des roses et font grimper le chèvrefeuille. Nonchalants, ils jouissent de la vie, en laissant couler les heures.

Mais quand leur tour d'embarquement revient, l'homme de mer reparaît dès le premier pas sur les planches. Les habitudes prises, la vision d'intérieur coquet, les refrains d'opérettes entendus s'effacent avant que les murs blancs des jetées aient disparu dans le sillage. L'énergie, la décision, la brutale volonté raidie contre les éléments les ressaisit tout entiers. Comme leurs frères les goëlands, si lourds lorsqu'ils posent à terre, ils reprennent leur vol en plein océan. Toutes voiles déployées, ils piquent droit dans le vent et s'élancent dans l'écume des vagues au devant des grands steamers qui pointent au large.

Ironie profonde! Ces hommes qui risquent leur vie chaque jour pour sauver des existences humaines, n'ont pu obtenir en plus d'un siècle la transformation de leur pauvre port d'échouage. Mais, à côté, en quelques années une jetée-débarcadère a surgi des flots pour l'agrément des touristes bordelais, ennuyés de ne pouvoir aborder à toute heure de la marée.

Un beau matin de juillet 1896, une douzaine d'ouvriers descendirent sur le quai de Foncillon. Au grand étonnement des pêcheurs de crevettes qui en oubliaient de relever leurs carrelets, ils attaquèrent le rocher à coups de pioche mesurés. Bientôt un wagonnet grinça sur ses rails, culbutant de quart d'heure en quart d'heure quelques mètres de déblai. De lourds camions apportèrent des cailloux concassés, des pierres de taille. Les sacs de ciment s'amoncelèrent sous les hangars. Les machines à vapeur fendirent l'air de leurs sifflets stridents. Royan n'eut plus le droit d'ignorer qu'une jetée-débarcadère allait lui naître.

Le gigantesque enfant de pierre mit trois ans, jour par jour, à atteindre son complet développement. Les premiers arrivants de juillet 1899 trouvèrent achevée l'entreprise dont ils avaient mesuré chaque saison les progrès constants. La jetée élevait au-dessus des vagues son énorme môle et son pont métallique sur piles, plus de deux cents mètres d'œuvre en mer.

Maintenant, à toute heure du jour, les plus grands bateaux peuvent débarquer leurs passagers à quai. La descente en canots, avec la perspective, par les jours de clapotis ou de forte brise, d'un échouage au beau milieu de la Grande Conche, appartient désormais à l'histoire. Elle a pris place, dans les conversations des vieux baigneurs, avec les attaques de diligences et autres périls plus ou moins imaginaires, qui agrémentent les récits des voyageurs.

Quand on voit, à marée basse, les grosses piles de la passerelle émerger de leur lit vaseux, avec leur cuirasse d'huîtres moussues, on a peine à se rappeler les énormes caissons métalliques où, dans l'air comprimé, des équipes d'ouvriers travaillaient nuit et jour à creuser le lit de la mer. J'ai moi-même quelque mal à m'imaginer ma descente dans une de ces piles massives comme des monolithes.

C'était en 1897. Un des entrepreneurs, rencontré par hasard, me proposa de l'accompagner dans un des caissons.

La soirée était magnifique, la mer unie comme un lac. De vagues souvenirs de *Vingt mille lieues sous les mers* chantaient à mes oreilles. J'acceptai l'invitation, et, nouveau Dante, je suivis mon guide vers la sombre demeure.

J'entends encore le sifflement strident de l'air comprimé faisant son entrée dans la cheminée d'accès où l'on nous « éclusait ». Je sens encore la douleur aigüe qui me traversa les oreilles comme une rage de dents.

Mais le spectacle qui m'attendait en bas valait bien ce petit désagrément.

Dans une chambre spacieuse, six ouvriers, nus jusqu'à la ceinture, piochaient le sol à pieds secs. Le sable et les déblais s'amoncelaient ; des sacs de toile s'emplissaient pour être remontés à bras, quand, leurs huit heures de travail écoulées, les terrassiers allaient céder la place à une autre équipe. La lueur d'une bougie éclairait les torses nus de ses reflets capricieux. Nul bruit. Une chaleur étouffante. C'était un bien-être indéfinissable, après la sensation pénible de l'arrivée. Il semblait qu'on aurait dormi avec délices sur ce lit de sable, entre ces plaques de tôle boulonnées, sous ce plafond aux puissantes armatures, comme dans la cale de quelque grand cuirassé à l'ancre.

Et nulle idée de danger. La sécurité des travailleurs devenait communicative. Pas un instant la pensée de la mer qui nous enserrait, qui nous guettait, qui aurait noyé le caisson en quelques secondes si les pompes avaient cessé d'envoyer l'air comprimé, ne nous venait à l'esprit ; pas un instant nous ne songions à la lourde pile de maçonnerie qui pesait sur nos têtes.

Il fallut remonter. En sens inverse nous reprîmes notre chemin de ramoneurs. Un ouvrier nous précédait pour refermer la chambre après nous. Son dos, en pleine lumière, étalait grandeur nature le portrait du président Carnot, correct jusqu'en ce tatouage démesuré, avec le grand cordon de la Légion d'honneur en sautoir.

Maintenant la jetée débarcadère est devenue la promenade favorite des baigneurs. A certaines heures, à certains jours, il est impossible d'y circuler. C'est un observatoire commode pour suivre l'entrée et la sortie des bateaux, une tribune sans pareille au moment des régates.

Ce jour-là le spectacle vaut la peine d'être vu.

Côtres de pilotes, chaloupes de pêche, tendent leurs amarres à chaque balancement de la vague comme des coursiers impatients du départ. Attention ! le pavillon du jury vient d'être amené, une bombe part du quai : c'est le signal d'appareillage. Sur toute la ligne, les voiles se hissent, le patron saisit la barre, l'amarre est prête à être larguée.

Seconde bombe ! Les grands côtres prennent le large et filent au plus près, par une jolie brise nord-ouest. Bientôt les chaloupes partent à leur tour : c'est une flottille, une envolée de toiles sur la mer, où les gracieuses embarcations glissent en donnant de la bande avec un hanchement quasi-féminin.

Les jetées, les quais sont noirs de monde. Sur la terrasse de Foncillon, tout près du jury, une grande tente abrite les fervents de sport nautique, commodément assis, jumelle marine en mains.

Ici, l'on entre dans un milieu spécial comme dans l'enceinte du pesage sur un hippodrome. Les casquettes des yachtmen, brodées d'insignes de sociétés ou de noms de bateaux, se mêlent aux chapeaux fleuris des dames, aux bérets, aux casquettes des marins du port.

On discute fort dans le cénacle. Pas une manœuvre ne passe inaperçue. On commenterait les performances des partants si comme dans la chanson :

> Les p'tits bateaux
> Qui vont sur l'eau
> Avaient des jambes !

En revanche, ils ont des ailes. Déjà les grands côtres, qui ont pris les devants, ne sont plus que des virgules blanches sur la ligne d'horizon ; les chaloupes, un peu plus au vent, paraissent en groupe. L'intérêt redouble.

Tout à coup, derrière la pointe de Grave, un gros nuage noir monte à l'horizon. En un instant la moitié du ciel s'obscurcit, la côte du Verdon s'efface dans la brume, la brise fraîchit, la mer moutonne. Oh ! le beau temps de régates ! Et toutes les lorgnettes d'attendre avec une impatience fébrile le moment où les barques vont recevoir le coup de vent.

Attention ! voilà la première qui appuie. Bravo ! Celle-ci penche encore davantage : cette autre se couche sur la vague. Pour un peu plus on applaudirait l'orage. Mais pas une barque ne laisse porter ; elles restent dans le vent sans amener un pouce de toile. Cette fois, c'est aux marins qu'on crie bravo !

Par malheur, le grain arrive sur le Médoc. Le ponton de Talais, l'océan, les barques, tout disparaît dans un brouillard ; il faut prendre patience. On trompe l'attente en suivant le match amusant de deux petites embarcations, un canot de Marennes non ponté et un petit côtre de pêche de Royan, qui entrent en course devant le quai, au pied même de la tribune.

On ne perd pas de vue les minuscules jouteurs ; on les suit dans leur lutte contre le vent et contre le courant, tout petits sur la mer vide de barques. A chaque bord, les avantages se balancent. Tout le monde donne son avis. Il prend des envies de parier. Mais le patron royanais, qui connaît les courants, passe la bouée le premier ; la course est à lui, juste au moment où le ciel s'éclaircit.

Quelle surprise ! Pendant l'orage toutes les barques ont doublé le but. Elles arrivent maintenant droit sur Royan, les côtres de pilotes en tête, malgré leur parcours allongé. Oh ! les beaux bateaux, les braves marins ! Ils viennent dans la conche décrire une boucle gracieuse et coupent la ligne au pied de la tente du jury.

Une bombe ! Le premier est arrivé. C'est un royanais, *La Revanche.*

Les autres suivent de près. L'artificier, qui met le feu à l'obusier, ne s'arrête plus de tirer ; c'est une salve, une petite guerre qui ne prend fin que lorsque tous les prix sont attribués.

Et pendant ce temps, sur le quai où les lames envoient à chaque minute leur paquet d'écume, les pêcheurs endurcis montent et remontent leur carrelet. Ils prennent, disent-ils, de la crevette !

Faut-il en avoir une *santé* !

VIII

LE VIEUX ROYAN

Je ne voudrais pas être accusé de broder des variations sur un air que Pelletan et Billaud ont si bien chanté dans leurs livres. Mais le passé est un terrain où le moissonneur le plus soigneux laisse toujours quelques épis à glaner.

Lorsque le roi Louis XIII eut reconquis sa bonne place de Royan, après un mois de siège et de canonnades qui lui coûtèrent plus de quarante gentilshommes, il eut peur de laisser aux calvinistes une citadelle qui commandait l'entrée de la Gironde. Il rasa le château, combla les fossés et détruisit la digue. Puis il installa dans la ville démantelée un couvent de Récollets, — les plus zélés convertisseurs du temps.

Ceux de Royan ne firent guère parler d'eux. Leur plus grand titre à la reconnaissance de la postérité est d'avoir fourni des aumôniers à Cordouan jusqu'à la Révolution. Le dernier, Robert Desiles, très âgé et infirme, préféra donner sa démission plutôt que de prêter le serment civique. Le monastère fut fermé, et les bâtiments très sagement destinés par l'Assemblée nationale à fonder un hôpital pour les gens de mer.

Malheureusement le chemin était long entre Paris et la Saintonge. Dans l'intervalle, le district de Marennes avait mis en vente le couvent comme bien national, et l'acquéreur Boisseau s'était empressé d'y mettre la pioche. Les murs étaient à moitié démolis quand le décret parvint à destination : les protestataires se trouvèrent en présence d'un fait accompli. Boisseau garda la maison des Récollets, — ou plutôt des ci-devant Récollets — et y établit sa demeure.

Ce Boisseau, si l'on en croit Pelletan, était un armateur en retraite, qui avait gagné un million à faire le commerce de long cours à Saint-Domingue. Une fois sa maison bâtie, il employa sa fortune à faire tourner ses deux pouces autour l'un de l'autre, étendu sur un fauteuil, les jambes écartées, les mains croisées sur sa poitrine.

Lorsqu'il se vit mourir, à quatre-vingts ans passés, il calcula que le code civil autorisait l'héritage jusqu'au douzième degré. Comme il n'avait pas d'enfants, il colligea de droite et de gauche toute une tribu de parents, cousins plus ou moins lointains, rattachés par une branche quelconque à sa généalogie, et à chacun d'eux il donna par testament une part de succession.

Royan, à ce moment, n'avait pas d'hôtel de ville. Tant que la vieille cité avait fait partie du domaine des la Trémouille, les habitants n'avaient pas senti le besoin d'une maison commune. Le sénéchal percevait les impôts, jugeait au civil et au criminel, et se contentait de réunir les habitants à la porte de l'église pour leur faire connaître les volontés du marquis. A la Révolution, la commune, n'ayant aucun revenu, jugea encore plus inutile de faire bâtir un monument qu'elle n'aurait pu payer. Les assemblées eurent lieu chez le maire ou les conseillers, à tour de rôle et selon les convenances du moment.

Lorsque Boisseau mourut, on acheta sa maison, qui avait la plus belle apparence du pays.

On planta sur la corniche un bâton surmonté d'un drapeau tricolore. On grava sur une plaque « *Hôtel de Ville* » ; on mit dans une salle l'état-civil, dans une autre la caisse, dans une troisième la justice de paix, et tout à côté la prison : tous les services municipaux se trouvèrent groupés au centre de la ville.

Probablement ils y étaient bien, car, après un demi-siècle, c'est encore sur l'emplacement de l'ancien couvent des Récollets que les édiles royanais se réunissent. Au milieu des embellissements du reste de la cité, le conseil municipal s'est oublié : le modeste édifice a gardé sa simplicité du premier jour.

C'est pourtant autour de son drapeau neuf, sur la petite place du Centre, qu'est concentrée la vie locale. Tout Royan défile par là, à l'heure où, selon la vieille habitude des désœuvrés de province, on vient faire son tour de marché.

Chaque matin, c'est un va-et-vient incessant de promeneurs, de ménagères affairées, de bonnets de dentelles où toutes les provinces de France sont représentées ; un mélange confus de voix, depuis l'appel de la puissante poissonnière jusqu'au marchandage de l'ouvrière, qui défend sou par sou son léger pécule.

Cette promenade quotidienne est une étape dans l'interminable longueur de la journée, une diversion aux cent pas devant les étalages de la grand'rue, une provision inappréciable de potins et de nouvelles à la main. Pour ces honnêtes retraités, ces rentiers paisibles, ces commerçants retirés, le marché joue le rôle du forum dans la cité antique.

J'avoue que cette excursion matinale à travers les rangées de corbeilles fleuries, les pyramides de fruits dorés, les tables de poissons aux écailles luisantes, n'est pas, non plus, sans charme pour moi. Les petits plaisirs de la vie ne sont pas assez nombreux pour que nous en négligions aucun ; je mets, pour ma part, le tour de halles au nombre des bonnes choses d'autrefois que je demande au progrès de nous laisser.

A l'ombre des arbres, les frêles boutiques en bois découpé s'alignent comme pour une exposition en miniature. Dans cette gamme joyeuse de sons et de couleurs, l'étranger se demande s'il n'est pas le jouet d'un décor, d'une mise en scène préparée pour la saison. Il a beau se dire que les poulets ne sont pas en carton, qu'il va pouvoir garnir son filet à provisions de mets plus substantiels que des accessoires de

théâtre, il hésite à prendre le tableau au sérieux.
Il songe, malgré lui, à un marché pour jolies
femmes, pour petites bouches habituées à gri-
gnoter des riens délicats.

L'imposante galerie des bouchers a peine à
persuader aux estomacs exigeants que l'on
peut faire ici autre chose que des dînettes.

Il y a loin de ces étalages engageants et
coquets aux vieilles halles qui s'étalaient sur la
place, en face de la mairie, et servaient, avant
et pendant la Révolution, à tous les besoins des
royanais. C'était le communisme dans sa plus
simple expression. La milice y venait manœuvrer les jours de pluie, le maire y présidait
le tirage au sort, le paysan y apportait son blé,
le boucher y débitait son bœuf qu'il venait
d'abattre sous la halle elle-même. Le vieux
bâtiment servait même de salle de spectacle !

Quand le montreur de marionnettes arrivait
avec son théâtre errant, traîné par un caniche,
la comédie s'installait au marché, comme
dans l'Agora antique. L'impresario dressait
contre un pilier sa baraque de toile à matelas,
magnifiquement éclairée de deux bouts de
chandelle, et Polichinelle débitait ses lazzis,
tandis qu'un ours muselé dansait un pas de
ballet au milieu même des spectateurs.

En 1848, la commune songea qu'une place publique ferait bien mieux son affaire : elle démolit les piliers séculaires, et vendit les matériaux aux plus offrants. Un érudit m'a affirmé qu'ils avaient trouvé preneur, et qu'un personnage avisé en avait construit un hangar encore debout du côté de l'allée des Tilleuls.

Je pense que personne n'a jamais songé à regretter cette disparition, largement compensée par le marché fleuri où La Fontaine aurait pu placer son délicieux amateur :

> Il aimait les jardins, était prêtre de Flore :
> Il l'était de Pomone encore.

Ces halles sont la dernière étape de la vie élégante. Au-delà, commence le haut Royan, avec ses rues presque désertes.

Qui se douterait, en gravissant la pente rapide qui mène à Saint-Pierre, qu'il parcourt une des plus anciennes voies de la ville, une des deux seules rues avant 1830 ? Les maisons basses à un étage s'ouvrent à de petits métiers, à de bonnes gens tranquilles qui causent de la pluie et du beau temps sur le pas de leurs portes. Des enfants jouent avec des chiens au milieu de la chaussée, à l'abri des dangereux cyclistes et des automobiles meurtrières. Parfois

un maigre carillon frappe l'oreille, évoquant
quelque chapelle de couvent, abritée dans ce
faubourg, loin du bruit des foules et des casinos.

De cette hauteur, Royan offre un aspect
singulier. Quelques pas dans la rue de Font-de-
Cherve font découvrir une ville nouvelle, où
l'église Notre-Dame prend des allures de cathédrale à côté des arbres touffus du cimetière
protestant. Des tuyaux d'usines fument. Des
rangées de toits se pressent les uns contre les
autres. Impossible de soupçonner la mer.

Bientôt on rencontre un calvaire, puis un
autre, et la terrasse de l'ancien château de Mons,
jadis couvent de Sion, qui surplombe la route de
sa balustrade ajourée. Mons, *montis*. Le nom ne
rappelle-t-il pas Montmartre, cette autre montagne aux innombrables couvents où des clochers
ont remplacé les moulins à vent d'autrefois ?

A Royan non plus, les moulins n'existent plus.
Leurs silhouettes familières, qui annonçaient
l'approche de la ville et semblaient, de leurs
grands bras, souhaiter la bienvenue au voyageur, ont presque toutes disparu. Ceux qui
restent ne tournent plus : leurs ailes dépouillées
de voiles attristent l'horizon.

Le faubourg est pourtant engageant, avec ses
petites maisons basses, blanchies à la chaux,

encadrées de treilles. Tous ces villages de la côte saintongeaise revêtent un air souriant qui manque à ceux du Poitou et de la Vendée. Les rues sont propres, les jardins soigneusement entretenus, les murs de clôture solides et bien bâtis. On n'y voit ni fosses à fumier s'écoulant devant les portes, ni façades lézardées qui semblent dire, par chaque crevasse, des siècles de misère et de privations.

La vieille église de Saint-Pierre garde grand air, malgré les réparations successives qui la font ressembler à ces vêtements inusables d'autrefois où chaque génération rajustait une pièce, faisait une reprise, cousait un morceau d'une teinte différente. On m'a affirmé qu'elle était bâtie sur une crypte. Cela n'aurait rien d'étonnant puisque le prieuré de Saint-Pierre existait déjà au XIe siècle; mais, faute de guide, j'ai dû me contenter de visiter la nef.

Les voûtes sont tombées depuis longtemps. Un plafond en planches garantit les fidèles des intempéries des saisons. La lumière, mesurée par d'étroites fenêtres romanes, laisse à l'église un demi-jour discret. C'est à peine si l'on distingue un autel en bois doré de style Louis XV, reste des munificences des marquis de Royan, et une modeste chapelle dédiée à

Saint Nicolas, patron des marins de la côte. Mais, tel qu'il est, ce sanctuaire a ses fidèles qui fuient d'autres monuments religieux plus mondains et plus en vogue.

D'ailleurs son clocher peint en blanc sert d'amer aux marins. Il leur indique l'entrée du port. C'est le Dieu des braves gens qu'on doit prier sous ces voûtes en ruines, celui qui ouvrait ses bras aux humbles et vivait avec les pêcheurs du lac de Tibériade.

IX

FIÈVRE DE MOUVEMENT

Sur les promenades, breacks aux rideaux de coutil rayé, landaus de promenade, voitures de maître correctement attelées, lilliputiennes charrettes à âne, passent et repassent, se croisent sans cesse, dans un joyeux va-et-vient. A la jetée, les vapeurs abordent chargés de passagers, les barques de pêche prennent le large, le bateau du Verdon, — petite mouche noire affairée, — recommence sans trêve son court trajet. En gare, les express entrent avec un bruit de tonnerre et des sifflets stridents. Partout, dans les bois ou sur les plages, le Decauville roule avec son bourdonnement d'abeille, scandé de rauques appels de trompe.

Une telle fièvre de locomotion devient contagieuse. A son insu, l'étranger aux goûts sédentaires, venu pour voir la vague retomber sur la vague, se laisse entraîner par le tourbillon. Jeunes et vieux, grands ou petits, allègres ou impotents, suivent la ronde. Il leur vient une âme nouvelle, une âme d'oiseau, qui les fait voltiger de branche en branche, s'arrêter une seconde pour repartir à tire d'aile au bout de l'horizon, à moins qu'un vent malin d'inconstance, soufflant du large, ne leur fasse changer encore de direction :

> La farandole
> Joyeuse et folle...

Avant que Royan n'ait pris son vol vers le progrès, les baigneurs qu'attiraient son ciel sans nuages et ses flots bleus, ne sortaient guère des traditionnelles promenades du port, de la Grande-Conche ou de Foncillon. C'était un voyage que d'aller à Pontaillac, une excursion périlleuse que de traverser les fourrés du Parc. Pauvres humains, nous n'avions, pour nous porter, que « les deux bâtons articulés » donnés par la nature. Nous allions un peu moins vite à la course que la dernière des haridelles : la mélancolie de notre infériorité nous désintéressait de la marche. Sur le sable mouvant où nous enfoncions à chaque pas, nous nous traînions, larves découragées.

Un jour, le sifflet du Decauville est venu sonner le réveil. Le minuscule tramway a commencé son incessant parcours tout le long du littoral : de Saint-Georges à la Grande-Côte, le dévoreur de route a supprimé l'espace. La revanche arrivait tardive, mais superbe. Nous réalisions, du premier coup, le rêve si longtemps caressé d'aller en un instant où la pensée nous portait, de suivre dans un fauteuil le merveilleux panorama déployé par la nature, des rochers de Vallières aux sables de la côte d'Arvert.

Mais si notre bien-être était satisfait, notre amour propre souffrait encore. Ne plus marcher, même pour de petites courses, c'était déjà un avantage, mais voyager inerte, sur des rails, comme un colis transportable, était-ce bien l'idéal ?

C'est alors que la Providence nous envoya la bicyclette. La fée aux rayons d'acier se répandit avec une rapidité foudroyante. L'homme reprit courage avec ce nouvel organe qui le mettait au-dessus des quadrupèdes les plus réputés pour la course, qui lui donnait, avec un simple tour de guidon, la faculté de diriger son essor. La larve devint papillon : elle prit son vol en plein soleil.

Et la distance s'évanouit. Saint-Georges, Vallières, Pontaillac étaient déjà Royan : la Grande-Côte, Saujon, Talmont, devinrent sa banlieue. Billaud fit un nouveau *Guide* où les moindres excursions eurent vingt lieues. Tout s'anima au contact de l'insaisissable insecte qui, dans les rues, les boulevards, les routes ombreuses, rase l'obstacle, passe comme l'éclair, voltige en tous sens, laissant après lui un désir d'action, une fièvre de mouvement, une soif d'espace et de vitesse.

Certains veulent déjà aller plus vite. L'automobile les entraîne dans la course à l'abîme. De nouveaux pays entrevus font regretter ceux qu'on ne connaît pas ; la vitesse acquise, celle qu'on ne peut atteindre. Nous continuons à nous laisser ballotter entre le désir et le regret. Dès lors, à quoi bon s'agiter? dit la sagesse. Cherchons plutôt le coin fleuri d'immortelles et d'œillets sauvages, et laissons couler les heures en regardant passer, à travers les pins,

les breacks au coutil rose, le Decauville bour-
donnant, les automobiles bruyantes, les femmes-
oiseaux à bicyclette !

Il me souvient qu'un soir nous étions assis au
balcon d'un châlet, sur le boulevard Frédéric-
Garnier. On causait dans l'abandon d'une de
ces minutes brèves, parcimonieusement semées
dans la vie pour nous faire oublier les peines,
les tracas, les soucis de chaque jour. Parlait-on
de la mer, des étoiles, des voiles blanches qui
rentraient au port ? Non, on avait pris pour
thème la capricieuse bicyclette.

Une jeune femme, avec l'exquise petite mauvaise foi qui fait le charme des raisonnements
féminins, aurait trouvé les boulevards de Royan
un paradis pour les cyclistes, si les passants
eussent été moins nombreux. Ce paradoxe
souleva les protestations du parti sédentaire
de l'auditoire : les servants de la bécane
arguèrent du danger que le piéton fait courir
au cycliste, et comme leur groupe avait la ma-
jorité, il fut démontré, sans réplique, que c'est
toujours le promeneur à pied qui commence.

J'avais ce soir là un ami, délicieux fantaisiste,
qui me tint à peu près ce discours :

« Il fait bon vivre pour assister aux

prodigieuses bévues des raisonneurs et des
gens sérieux. M. Thiers s'est moqué des che-
mins de fer ; Mme de Sévigné, du café. Econo-
mistes, chroniqueurs et vaudevillistes se sont
rencontrés pour prédire à la bicyclette une
durée éphémère à l'égal d'une forme de chapeau ou d'une manche de robe. Timidement,
peureusement, la petite machine s'est glissée
dans nos rues, demandant pardon aux passants,
à messieurs les chevaux, de la liberté grande.
Aujourd'hui elle est chez elle : c'est à nous d'en
sortir.

« Je ne me plains pas. La tête des gens qui
protestent me console de mes déboires person-
nels. — Le livre ne se vend plus, disent les
éditeurs ; et voilà tous nos bons romanciers
psychologues glissant leur prose dans les quo-
tidiens à cinq centimes en attendant le jour où
ils demanderont asile à la presse sportive.
— Les salles de spectacle sont désertes, cla-
ment les directeurs des théâtres, et nos Gan-
dillot en herbe frappent aux portes des music-
halls où la variété du spectacle et le sans
gêne de la tenue conviennent mieux à des
retours d'excursion. — L'industrie du vêtement
est ruinée, pleurent les grandes couturières,
dont les clientes économisent deux costumes

par an en s'habillant en cyclistes. Hier, les revendications au parlement ont commencé : demain, les candidatures se porteront sur ce nouveau terrain électoral. Le petit insecte d'acier aura bouleversé journaux, théâtres, couturières, politiciens, c'est-à-dire à peu près toute la société contemporaine.

« Quelle réponse ironique à ceux qui croient encore à la puissance de l'idée ! Où trouver un Montaigne, un Pascal, un Rousseau, pour accomplir une révolution pareille. Révolution ? Pas tout à fait, le changement s'est opéré sans secousses, presque à notre insu.

« Voyons-y plutôt une étape de la grande loi de l'évolution, une adaptation de l'humanité au milieu de vapeur et d'électricité où elle est condamnée à vivre. De nouveaux besoins ont fait naître un nouvel organe. Les jambes étaient trop lentes pour le *struggle for life* : il s'est formé une race nouvelle, mâles et femelles, dont les pieds, munis de roues caoutchoutées, font trente kilomètres à l'heure.

« Dans vingt ans il sera aussi surprenant de voir un individu de l'espèce humaine aller sur ses deux jambes que d'en rencontrer un aujourd'hui marchant nu-pieds. »

Sur ces réflexions fort sages, mon camarade

prit son chapeau, et me tendant un cigare, m'invita à l'accompagner au port où son yacht était amarré. Comme nous sortions, la trompe d'une quarante-chevaux se mit à mugir, et, rapide comme la foudre, la meurtrière machine passa. Je songeai, à part moi, que le cycliste, à son tour, pourrait bien connaître de mauvais quarts d'heure.

Mon ami, est-il besoin de le dire, est un homme de goûts sédentaires. Il appartient à cette catégorie de yachtmen malins, qui narguant les grands hôtels alignés sur la terrasse du port, font leur chambre à coucher dans leur bateau. Leur lit, —je veux dire leur couchette, — s'allonge à trente pieds au-dessous du niveau du boulevard. On n'y sent ni la poussière, ni l'odeur suave des automobiles. La mer, ponctuelle fille de service, y monte l'eau deux fois par jour.

La nuit venue, le remous des vagues berce les songes, à moins que la marée ne soit tout à fait basse. Mais alors le bon yacht, étayé entre deux solides béquilles, repose sur un lit de vase plus moelleux qu'un matelas. On y dort du sommeil du juste, surtout si on a pris soin de frapper une ou deux amarres sur le bateau voisin. Faute de cette prévoyance, — il vaut mieux, dit Bartholo, craindre sans sujet que s'exposer sans précaution, — on a vu des béquilles céder et le bed-room s'écrouler comme une poche vide au fond du port. C'est désagréable, mais qui peut se vanter d'habiter un appartement sans défaut ?

Bien entendu je ne parle pas de ces somptueux avisos à vapeur, comme le *Corsair*, au milliardaire Pierpont Morgan, qui ne fréquentent pas tous les jours la baie de Royan. Mais quand j'en ai le temps, je descends volontiers voisiner au coin du quai avec les armateurs de moindre envergure qui y amarrent chaque saison leur maison meublée. Dans les grandes occasions, ces philosophes me font les honneurs de leur salle à manger. A la seconde bouteille de Château-Margaux, je les déclare, avec leurs petits yachts de quatre ou cinq tonnes, plus heureux que le sage Diogène, dont la demeure, comme on le sait, n'était que d'un tonneau.

Vers 1885, j'allais souvent griller une cigarette à bord d'un petit sloop à dérive, le *Saint-Pierre*, qui n'avait ja... jamais navigué, par la bonne raison qu'il sortait tout juste des chantiers du père Coffre, à Lormont. Mais son propriétaire, L. de Kadoré ne manquait pas d'esprit d'aventure. Jusqu'à ce jour, ses bordées n'avaient eu pour théâtre que les flots verts de la Sèvre Niortaise. Il voulut tâter de la grande navigation, et s'embarqua pour Bordeaux par un temps à ne pas sortir un marsouin de l'eau. Heureusement il avait eu soin d'emmener avec lui un marin de Royan. Avec ses propres moyens, il est probable que jamais il n'aurait dépassé le ponton de Talais.

Au retour, de Kadoré qui tenait la plume aussi bien — et peut-être mieux — que le gouvernail, écrivit son voyage *En Gironde*. Il conta ses aventures avec cette bonhomie narquoise qui fait la force de nos bonnes races de l'ouest dont les veines ont gardé quelques gouttes du sang d'Agrippa d'Aubigné. Il y ajouta, ce qui ne gâte rien, un grain de poésie. Il mit enfin, dans son récit, assez de sérieux pour laisser supposer qu'il ajoutait foi lui-même aux dangers qu'il avait courus.

J'ignore si *En Gironde* eut un retentissement considérable. Mais il est certain que de Kadoré eut un lecteur sur lequel il ne comptait guère.

Le matelot qu'il avait choisi pour piloter son yacht, Samuel G..., était maître au cabotage.

La saison finie, il prit le commandement d'un lougre du port de Marans.

Un soir, sur son bateau qui devait sombrer en mer quatre ans plus tard, Samuel G... tendit *En Gironde* à un officier de marine qui se trouvait à bord. L'officier le lut, pour ne pas le désobliger, et aussi parce qu'on était séquestré par la pluie.

Puis il lui dit :

— « Tu raconteras à ce monsieur qu'un soir, dans ta cabine, tu as montré son récit à un marin de tes amis qui l'a trouvé très bien. Ça lui sera égal, probablement, mais tu ajouteras que ton ami s'appelle Pierre Loti. Je suis sûr alors que ça l'étonnera : peut-être même cela lui fera-t-il plaisir. »

Pauvre *Saint-Pierre !* Il ne fit pas de longues croisières. Je le revis quelques années plus tard, usé, fatigué, méconnaissable. Les fraîches couleurs de sa coque étaient effacées, son pont si propret disparaissait sous la vase, une couche de goudron cachait son liston doré. J'appris que de Kadoré était mort. Le *Saint-Pierre*, qu'il avait légué à Samuel G..., allait maintenant à la pêche, tout comme ses voisins les dundees et les chaloupes ! Plus de

promenades où les passagères chantaient en
chœur, plus de poétiques envolées *En Gironde !*
Comme dans la fable allemande, Pégase tirait
la charrue et labourait les mers fécondes.

X

DIMANCHE D'AOUT

Dimanche. Dans une atmosphère sans air, le ciel et la mer se fondent en nappe de plomb. Au-devant de la côte, en pleine Gironde, des arbres, des rochers, des maisons, semblent miraculeusement transportés. Cordouan se dédouble, et son image agrandie s'approche de terre. Dans les nuages, une barque passe lentement, toutes voiles dehors, comme ces ombres silencieuses de la *Marche à l'Etoile*, poussées vers l'astre d'or par un souffle divin.

Des savants détermineront la cause de ces effets de réfraction lumineuse. Pour moi, je préfère m'en tenir à la poésie des choses sans leur chercher une explication rationnelle.

Les mirages sont rares à Royan. Mais pendant les années où, fidèle à une plage aimée, je venais passer la belle saison à l'embouchure de la Charente, j'ai été souvent témoin de ces mystérieux phénomènes. C'était à marée basse, quand une immense plaine de vase, passant par toutes les nuances du violet, du rose et du gris, prenait la place de la mer entre le Bois-Vert et le fort d'Enet. Alors, dans la somnolence de ces après-midi d'été qui nous étendaient anéantis, sans forces, sous la voûte sombre des chênes, nos yeux surpris apercevaient dans le lointain une ligne de remparts, des maisons blanches, des arbres verts, toute une terre nouvelle là où nous ne voyions, un instant auparavant, qu'une ligne rosée imperceptible, une raie lumineuse oubliée par le soleil levant.

Oh ! ces îles de Saintonge, qui si longtemps limitèrent mon horizon, — Oleron, Madame, l'île d'Aix, et plus lointaine l'île de Ré, — combien de fois les ai-je revues aux heures d'ennui et de découragement : le matin, dorées des rayons de l'aurore ; grises à midi dans la brume pesante de la canicule ; teintées de rouge, de jaune et d'orange, au moment où le soleil allait s'éteindre dans l'océan. Elles apparaissaient de la plage comme des amies très sages et très vigilantes qui nous disaient : « La véritable patrie n'est-elle pas le coin de terre où l'on goûte un instant le bonheur ? A quoi bon chercher de nouveaux pays, des régions inconnues ? Restez avec nous. Laissez-nous borner votre univers. » Les rochers capricieux, les vagues, les bois de chênes-verts, la nature entière, tenaient le même langage :

Je me souviens qu'à mon arrivée à Royan, je me sentis noyé dans l'immensité des ciels. Partout où je portais mes pas, à Vallières, sur la Grande-Conche, à Pontaillac, au Bureau, à la Grande-Côte, la voûte du firmament me troublait. Mes yeux n'étaient pas assez forts pour sonder l'espace, ma tête s'égarait, je perdais pied. Il me manquait la plage abritée où la mer se fait toute petite, où la vague joue comme un enfant entre deux pointes de rochers, où les îles roses mesurent la quantité d'infini que notre esprit peut affronter. J'errais sans pouvoir me fixer nulle part, jusqu'à l'heure du crépuscule apaisant.

Le temps calme cette angoisse des premiers jours. Peu à peu, l'œil s'habitue à contempler l'étendue : le cœur se met à l'unisson de la nature ambiante. Il oublie la mièvrerie des paysages bornés, des ciels gris et décolorés, des flots unis comme un lac. Il a soif de lumière, de soleil, d'espace ; il se baigne dans le bleu éclatant du ciel et des flots. La dangereuse griserie du rêve l'abandonne. Il se sent fort pour l'action, pour la lutte, pour le combat. Si le regret du passé vient parfois l'effleurer, c'est dans les chaudes après-midi d'été, quand la mer laisse flotter ses mirages trompeurs, quand s'estompent au large ces pays de songe où nous avons tous pensé, un moment de notre vie, à fixer le bonheur...

Aujourd'hui, la canicule invite au farniente.

Sur la grève, largement découverte, quelques bébés élèvent leurs éternels pâtés de sable, ou, très loin, vont chercher dans la dernière vague une maigre récolte de « bouquots » et de loches. Il n'y a plus qu'elles en mouvement, les infatigables petites jambes nues, grêles et brunies sur le sable mouillé, et les gros mollets rouges des ramasseurs de coquillages sur les rochers du sémaphore. La mer est basse : l'entr'acte commence entre les deux parties du spectacle de la plage.

Dans le port, asséché jusqu'à la dernière goutte, des rangées de barques alignées s'appuient fraternellement bord à bord. Leur panse rebondie, leur puissante membrure, leur large flanc, évoquent de robustes percherons. On les devine solides, sans caprices, de bon service, ces chaloupes de pêche, ces côtres qui s'aventurent sur la mer sauvage, au-delà des passes, dans l'inconnu. Le marin est sûr d'eux comme un cavalier de sa monture. Vents ni courants ne leur feront faire un faux pas.

A leurs pieds, des yachts aux flancs démesurément évidés, aux museaux pointus, aux membrures frêles, donnent plutôt l'idée de bêtes de luxe, très chères et très fragiles. Elles portent des noms recherchés : *Albatros*, *Cypris*, *Ariel*, tandis que leurs fortes compagnes, s'appellent simplement *Grand'Mère*, *Léonie* ou *Marie-Valentine*.

Mais que de gens occupés à les soigner, à les frotter, à les pomponner ! Les cuivres resplendissent, les bordages vernis luisent comme de l'acajou, les voiles étendues tempèrent les rayons du soleil trop violents pour leur épiderme.

Pour l'instant, ils ont tous des jambes, les menus bateaux, des jambes comme dans le refrain de notre enfance. Mais leurs longues béquilles de bois ne servent qu'à les maintenir en équilibre sur un lit de vase desséchée. Attendons la marée. Les voiles vont se hisser, la flottille quittera le port trop étroit pour tant de barques, et vous les verrez tous à la lame, les petits yachts, les grosses chaloupes, les côtres vaillants. Et qui sait ? Si la mer moutonne, si le ciel est noir, si la brise fraîchit, ce ne seront pas les travailleurs qui feront moins bonne figure.

En attendant, sur la Grande-Conche transformée en hippodrome, galopent des chevaux de toute robe, de toute extraction. De très loin, du pied même de Vallières, on les voit s'élancer, grossir à vue d'œil, passer comme une trombe dans une foulée de galop : derrière eux, la vague efface la trace de leurs pas sous sa frange d'écume. Deux fois, trois fois un son de cloche met en mouvement les casaques bleues, violettes, cerise, sous le soleil aveuglant. Puis la dernière course s'achève. Les sportmen graves, les jeunes femmes souriantes, les badauds indifférents s'éloignent. La marée montante emporte deux chaises oubliées sur le sable, trop près du flot.

Le public des courses est ici relativement res-
treint. Trop de distractions sollicitent le baigneur. D'ailleurs c'est aujourd'hui dimanche,
et même aux bains de mer, où la succession
des dates se marque par des plaisirs, non par
des travaux, le dimanche est consacré au
repos. On se délasse de six jours de promenades, d'excursions, de parties de pêche en ne
faisant rien le septième. Le dimanche, à Royan,
Monsieur Tout-le-Monde reste chez lui.

Où aller ? Les trains de plaisir ont déversé
leur flot de visiteurs. Les plages sont aussi
encombrées que les casinos. A chaque anfractuosité de rocher, à chaque détour de route,
on tombe sur des salles à manger naturelles
où des familles entières, en jupons et en bras de
chemise, vident des litres et consomment des
charcuteries à l'ail. Partout où l'on se présente,
il y a quelqu'un : il faudrait frapper avant
d'entrer sous bois.

On reste donc chez soi, et, selon la vieille
coutume de nos pères, qui ont inventé tout
exprès le joli mot « s'endimancher », on fait
un brin de toilette. Dès le matin, les armoires
se referment sur les costumes de bicyclettes et
de tennis. Les promenades se garnissent de gens
bien mis. Des groupes élégants stationnent rue

Gambetta, au square Botton, devant l'église. En ce jour solennel, les robes s'allongent, et les figures aussi, car la toilette ne va pas sans une certaine gravité de bon ton.

Les distractions dominicales commencent.

On va voir arriver les bateaux de Bordeaux. Spectacle cent fois décrit, toujours le même ! Que viennent chercher ces milliers de curieux, serrés sur la jetée et sur les quais ? Pourquoi cette attente anxieuse à la descente des passagers ? Le pont du bateau, avec son pêle-mêle de têtes diversement coiffées, leur fait-il l'effet d'un carton de loto ? Espèrent-ils amener un numéro gagnant : mari, femme, fiancée ou ami ? Mais ceux qui n'ont en Gascogne ni parents ni alliés, que font-ils là à compter les arrivants ? Bah ! ils s'y intéressent quand même, comme ces braves gens qui, sans avoir de billets de loterie, lisent scrupuleusement la liste des numéros gagnants.

L'heure du déjeuner arrive ainsi sans qu'on s'en doute. On le prolonge, on fait la sieste. Puis, comme à Cognac, à Niort, à Angoulême, on se rend « à la musique ». Les enfants font connaissance avec la salle de Foncillon, et, durant les entr'actes, se promènent, comiquement graves, dans la grande allée du jardin.

Les fillettes font bouffer leur jupe, aplatissent un nœud, rentrent du doigt une mèche rebelle. Les garçonnets écoutent craquer le sable sous leurs souliers vernis. Tous ont l'air de trouver le temps long, et le dimanche un jour terriblement difficile à passer. Mais les mamans sont impitoyables. On n'ira pas à la plage de peur de se salir.

Par bonheur, dans la vie tout passe, les dimanches comme les autres jours. Les steamers sont repartis. Leur léger nuage de fumée s'efface dans la brume. L'air est plus vif. Le soleil décline. Voilà la journée finie !

Demain les enfants reprendront leurs travaux près de la vague. Jeunes filles et jeunes gens s'élanceront à bicyclette dans les allées du bois rendues à la solitude. Visages et costumes reprendront leur laisser aller de tous les jours. On bénira le dimanche qui fait du lundi le jour le plus attendu de la semaine.

XI

AU CHAMP DE FOIRE

Lorsque la nuit a rendu la mer à sa haute tristesse, le champ de foire s'éveille. Un à un, théâtres, cirques, musées, manèges, loteries ou entresort, relèvent leurs toiles et lancent d'assourdissants appels de cuivres. Le gaz ruisselle ; les faisceaux de lumière électrique se croisent ; le public accourt. On a bientôt peine à circuler.

A l'inverse des peuples heureux, ce monde bruyant a son histoire. Il a connu les plus incroyables vicissitudes avant de trouver abri dans le terrain des Combes de Mons. Treize ans déjà ont passé sur le terrible incendie du

6

10 août 1893, treize ans qui n'ont pu faire oublier l'effroyable catastrophe, les flammes jaillissant plus haut que des maisons, le crépitement strident de la fournaise, les cris affolés des forains, la fumée épaisse, sinistre, couvrant comme d'un voile de deuil les façades du boulevard Frédéric Garnier.

Le casino Municipal a effacé les ruines sous le sourire de ses terrasses. Les arbres ont reverdi. Les fleurs, chaque année, sèment leurs gerbes parfumées, et cependant, en passant par là, je revois cette matinée sinistre du lendemain, cette première visite au champ de carnage. Un tas de choses brûlées, noircies ; sur les fers des voitures, tordus par la chaleur, les cadavres des fauves de Pezon, un ours affreusement brûlé, et près d'une cage à demi renversée, l'orang-outang, le dernier des animaux à mourir, qui était parvenu à briser les barreaux, à s'échapper du brasier pour tomber asphyxié quelques pas plus loin.

Du théâtre Chabot-Pérès, de la Grotte zoologique, des Musées vivants, des manèges, des luttes, des loteries, des tirs, il ne restait qu'une poignée de cendres. Le fléau avait frappé indistinctement, égalisant dans le malheur toute cette société foraine, qui, comme la nôtre, connaît les divisions de rang, de fortune et de castes.

Non, vraiment, ce n'était pas juste.

Que Pierrot couche à la belle étoile, se passe de déjeuner et parfois de souper, qu'il renonce aux douceurs du foyer, à la maison aux volets clos, aux murs épais qui préservent du chaud et du froid, c'est son affaire. Nul n'y contredit. Mais n'avoir pas de maison et se voir incendier, assister impuissant à la flambée de ses pauvres oripeaux, comme un papillon qui se brûle les ailes à la bougie, voilà qui dépasse toutes les ironies du sort.

Lorsque nous nous trouvons en face de nos éternels amuseurs, les comédiens, les acrobates, les saltimbanques, nous nous laissons aller sans arrière-pensée au rire, à l'admiration, à la curiosité qu'ils font naître. Nous nous abandonnons au charme de leurs exercices comme nous écouterions un oiseau au brillant ramage, comme nous suivrions les ébats d'un chevreuil. Pour nous, qui ne les voyons qu'un quart d'heure, ils n'existent qu'avec leur costume de théâtre, leur maillot pailleté, leur perruque de clown. Leur éternel sourire nous cache la douleur vaincue dans chaque tour de force, dans chaque contorsion, dans chaque grimace. Ils nous évitent tout ce qui pourrait éveiller notre pitié aux dépens de notre plaisir. Et tout à coup cet acrobate se brise les membres en tombant d'un trapèze, ce dompteur est dévoré par ses lions, ce comédien meurt de misère sur ses tréteaux. Nous nous réveillons devant une créature souffrante où nous ne voyions qu'un délicieux fantaisiste, toujours joyeux, toujours content.

Dans un coin du cimetière de Royan, au milieu d'une clôture à demi envahie par la ronce et le lierre, se dresse une pierre déjà noircie par le temps. En s'approchant, on peut lire cette inscription :

ICI REPOSE

Edouard-Alexandre BRAQUET

né en 1829 à Creil

Victime de l'accident du 9 août 1874

A ROYAN

PRIEZ POUR LUI !

Ce jour-là, le champ de foire était en fête. Le cirque Robba avait annoncé l'ascension d'une montgolfière, montée par un de ses gymnasiarques, Alexandre Braquet. Une foule nombreuse attendait avec impatience le gonflement.

L'aérostat était préparé. On avait dressé deux échelles, retenues au sol par des haubans de fils de fer et reliées en tête par une corde, soutenant la montgolfière. La nacelle était remplacée par un trapèze sur lequel le gymnasiarque devait faire ses exercices.

Pendant qu'on chauffait le ballon, le vent fit une saute subite, mais personne n'y prit garde. Braquet, après s'être attaché par un cordon de sûreté à la montgolfière, saisit son trapèze et cria : « Lâchez-tout ! »

Le ballon n'eut pas le temps de monter. A peine soulevé du sol, une rafale le jeta sur une des échelles, et le trapèze s'accrocha aux haubans de fils de fer. Braquet vit le danger sans pouvoir l'éviter. La force ascensionnelle de l'aérostat, décuplée par la force du vent, fit rompre les cordes du trapèze, et le ballon s'éleva, enlevant par la ceinture le malheureux gymnasiarque sans qu'il pût saisir un agrès.

On le vit, suspendu par son mince cordon de sûreté, monter dans l'air, les membres crispés, les yeux fermés par l'épouvante. Puis le cordon céda peu à peu, s'allongea, se rompit. Braquet vint s'écraser sur le sol, aux pieds des spectateurs terrifiés.

Onze ans plus tard, en 1885, un autre aéronaute échappa par miracle à un sort aussi
terrible.

Ce jour-là devait s'élever la *Vidouvillaise*,
une superbe montgolfière montée, cubant
2,500 mètres, qui avait accompli le mois pré-
cédent une ascension heureuse à Barbezieux.

Deux tentatives avaient été faites dans la
semaine, mais le vent, soufflant vers la mer,
ou trop violent pour permettre le gonflement,
avait empêché le départ.

Le 17 août, enfin, à trois heures de l'après-
midi, le lancer allait avoir lieu. L'aéronaute,
Mlle Albertine, avait pris place dans la nacelle.
Une foule de curieux entouraient le ballon
qui enflait peu à peu, sous l'influence de la
chaleur intérieure, entretenue par un fourneau
allumé.

Malheureusement, lorsqu'on lâcha les cordes,
un agrès s'enroula autour des doigts du propriétaire de la montgolfière, M. Gratien, qui avait
conduit les travaux de gonflement : le cordage,
formant une sorte de nœud coulant, enleva
l'infortuné à une hauteur de deux cents mètres.

Mlle Albertine, — c'était, sous ce nom de
jeune fille, la propre femme du malheureux
Gratien, — ne s'aperçut pas d'abord de

l'accident. Elle jetait des fleurs au public ! Ce n'est qu'un instant après, en voyant l'inclinaison insolite de la nacelle, qu'elle songea qu'on avait dû oublier de décrocher le fourneau, et qu'elle sortit un couteau pour trancher la corde.

On juge de l'émoi de la malheureuse quand elle entendit son mari lui crier, d'une voix étouffée par l'angoisse : « Ne coupe pas ! c'est moi qui suis là ! »

L'aérostat traversa la ville avec son fardeau vivant, suspendu par une ficelle de quelques millimètres de diamètre. Il alla atterrir près de Belmont, à trois kilomètres de Royan, au milieu de broussailles et d'arbustes épineux. Les témoins accourus ne purent l'arrêter que quand il eût traîné le malheureux Gratien sur une longueur de plus de cent mètres. Lorsqu'on coupa la corde, son corps, entièrement nu, ne formait qu'une plaie.

Néanmoins, Gratien put rentrer à pied : il se remit assez promptement de ses blessures.

Le champ de foire, par bonheur, ne compte pas seulement des annales tragiques. Les vieux habitués de Royan n'ont pas oublié la baraque de Piétro Bono, cet étonnant théâtre ambulant qui jouait l'opérette avec un succès à faire baisser certains soirs les recettes de Foncillon. J'ignore si son directeur avait vu le jour dans la patrie de Rossini et de Verdi, ou si, à l'imitation des héros du *Roman comique*, il paraissait sous le masque, devant le public. Mais ce que je puis affirmer, c'est que je n'ai jamais rencontré d'impresario plus convaincu ni plus hardi : il fit défiler sur ses quatre planches tout le répertoire d'Offenbach, de Planquette, de Lecocq, d'Audran.

Il fallait le voir, à son pupitre de chef d'orchestre, un œil sur ses musiciens, l'autre sur ses filles, Marcelline et Angèle, deux premiers rôles qui inspirèrent un nombre incalculable de passions sans espoir. Brave père Bono ! Je l'ai retrouvé, longtemps après dans un café-concert de province. Ses filles, mariées, l'avaient quitté pour s'établir à leur compte. Il faisait à l'orchestre une partie de contre-basse avec la dignité mélancolique d'un roi Lear. Encore un que le théâtre n'aura pas enrichi !

Pendant l'été 1889, sa troupe brillait de tout son éclat. La foule emplissait sa tente. La colonie littéraire et artistique elle-même ne dédaignait pas d'y prendre place. Un dimanche d'août on put voir dans une loge l'éditeur

Georges Charpentier, qui venait tout récemment de faire construire le *Paradou*. Il avait amené avec lui Mme Charpentier, sa charmante femme, Abel Hermant, son gendre, le graveur Fernand Desmoulins et quelques seigneurs de lettres sans autant d'importance.

Tout ce monde était venu assister à la représentation de l'*Assommoir* donnée en l'honneur d'Emile Zola, que la plage avait eu pour hôte trois étés de suite et qu'on attendait encore cette année-là. Je ne sais où Piétro Bono avait pu trouver les trente rôles de la pièce. Sans doute, il en remplissait une bonne demi-douzaine à lui tout seul. Mais le succès, devant un auditoire gagné à l'avance, ne fut pas moins considérable. Le vieux comique Tournois, un pître unique dont je ne puis évoquer la trogne enluminée sans sourire, fit merveille dans le rôle de « Mes Bottes ». Marcelline et Angèle reçurent des roses de la main de Mme Charpentier.

J'ai retrouvé l'autre jour un écho de cette représentation dans une lettre d'Emile Zola à Georges Charpentier, publiée dans le *Temps* par Adolphe Brisson. Le maître écrivait de Médan qu'il renonçait au voyage de Royan :

« Merci, mon vieil ami, de votre bonne lettre.

J'ai lu dans le journal de Billaud le beau succès que vous avez fait à l'*Assommoir* chez Piétro Bono. Et j'avoue que je n'ai pas trop regretté d'être absent, car je n'aime les ovations qu'à distance.

«... Je vous souhaite du soleil, puisque vous êtes allé là-bas pour en avoir. Dites à votre femme que nous sommes heureux de la savoir en bonne santé et que nous comptons bien la voir tout à fait remise. De bonnes caresses aux enfants, vives amitiés à Georgette et à son mari, grandes poignées de mains aux Desmoulins et aux Billaud. J'espère que je n'oublie personne.

« Ah ! mon ami, si je n'avais que trente ans vous verriez ce que je ferais ! J'étonnerais le monde !... »

Ce post-scriptum regarde la série des Rougon-Macquart que le maître espérait finir en 1892 et qu'il acheva l'année suivante, grâce à un labeur acharné, à une vie de moine cloîtré. Plus de villégiature ! adieu les promenades au soleil ! On ne vit plus Zola sous les ombrages du Parc où il avait médité ses derniers chefs-d'œuvre.

Pelletan, dans un livre immortel, a évoqué le Royan de 1860, l'œuvre de la Grandière et de Botton. Il serait temps d'écrire une suite à la *Naissance d'une Ville,* de montrer la nouvelle cité surgissant dans la verdure des pins, depuis le jour où la forêt de la Grande-Conche sortit du domaine de l'Etat jusqu'à l'inauguration du casino Municipal. Les premières pages seraient consacrées au salon des Charpentier, cet hôtel de Rambouillet royanais, où l'on vit, un jour d'août 1886, Arsène Houssaye, François Coppée, André Lemoyne, Henri Céard, Aurélien Scholl, l'aquafortiste Desmoulins, Massenet, Victor Koning, groupés sous l'objectif de l'éditeur parisien, amateur passé maître en photographie.

Zola, cette année là, n'arriva que le 11 septembre à la villa de la *Guadeloupe*, qui abritait les Charpentier en attendant l'achèvement du *Paradou*. Mais en 1887, il passa tout le mois de septembre au chalet *Albert*, sur la Grande-Conche, tout près de chez son éditeur. Ne cherchez plus ce nom. Le chalet s'appelle maintenant *le Rêve*. Son propriétaire lui a choisi pour titre l'œuvre mystérieuse et poétique dont Zola a écrit les pages les plus émues en face de l'océan.

La saison de 1888 arriva. Le maître revint encore une fois sur la plage, à la villa des

Œillets. Il s'y rencontra avec François Coppée, qui lui promit sa voix pour l'Académie française, dans une promenade à la côte sauvage. Et ce ne fut pas une promesse sur le sable, car chaque fois que le grand romancier eut l'honneur d'être rejeté par les Quarante, la voix du poète et de quelques amis protesta contre l'ostracisme bouffon du parti des ducs.

XII

PETITES PÊCHES

Le quai neuf, à Foncillon, est le quartier des
pêcheurs au carrelet. Chacun d'eux a sa place
marquée. Il vient la prendre longtemps avant
que la mer ne monte : il ne l'abandonne qu'au
dernier moment, lorsqu'il n'y a plus espoir
de capturer le moindre fretin. L'endroit, à l'origine, eut une autre destination. Des esprits
jaloux prétendent que Royan, certain jour,
ayant eu l'ambition de devenir port de guerre,
ce mur en eau profonde devait servir de base à
certains grands travaux. Mais cette explication rencontre peu de créance. Les fervents
de la pêche affirment que les ingénieurs ont

construit ce beau terre-plein tout exprès pour eux.

Le carrelet, — est-il besoin de le rappeler ? — est un grand filet carré en forme de nappe, soutenu par deux demi-cerceaux qui le retiennent au fond de l'eau. Un mât, muni d'un treuil, sert à le monter et à le descendre. Avec quelques perfectionnements, c'est le vieil instrument de pêche prêté par Puvis de Chavannes à son *Pauvre pêcheur*. Mais ce n'est pas au quai neuf que le peintre du gris a pris les couleurs de son célèbre tableau. Il eût fallu de l'indigo, du jaune d'or, du soleil en tube pour peindre ce coin de port éblouissant de lumière.

Je ne connais rien d'aussi captivant que la manœuvre du carrelet. C'est la surprise, l'imprévu, la lutte contre le hasard dans ce qu'elle a de plus passionnant. Avec la ligne, les oscillations du bouchon annoncent le poisson. Vous le sentez arriver, il mord, le flotteur plonge, vous ferrez, la proie tombe au panier. Ici rien n'indique l'instant d'agir. Aucun signe. On tourne le treuil, le filet remonte, il est vide ou plein. Le hasard seul commande. Tant mieux si vous tirez au bon moment, comme dans les salons du Casino. Mais à ce baccarat d'un nouveau genre, inutile de consulter le tableau : on tire toujours. Les bûches, ce sont les crabes ou les gates à la chair semée d'arêtes : les huit ou les neuf, les mulets replets, les gras maigrots ou les loubines succulentes. Allez-y hardiment, vous ne ferez pas sauter la banque !

Les grands joueurs, — je veux dire les vrais pêcheurs, — dédaignent le menu fretin. Mais les commençants et les modestes, ceux qui se contentent de la friture journalière, recueillent à pleine épuisette les petits éperlans et les sardinettes au ventre bleu d'argent. Ces colibris de la mer, passés dans la poële quelques quarts d'heure après leur sortie de l'eau, font un manger délicieux.

Le quai de Foncillon a ses habitués. Les pêcheurs d'abord, chacun au pied de son mât comme un artilleur à sa pièce, menaçant l'armée des maigrots. Puis les curieux qui vont de panier en panier s'enquérir du contenu. Tout ce monde se connaît, on cause, on discute les coups, on relève sévèrement les moindres fautes : c'est une Académie ichtyologique.

Un genre de sport fort en honneur consiste à dauber les profanes, infatigables donneurs de conseils. Le pêcheur facétieux fait de la fantaisie. Par exemple, au lieu de remonter vivement son engin pour empêcher le poisson de s'échapper, il tire à petits coups, s'arrêtant pour causer ou pour allumer sa cigarette.

La galerie s'esclaffe.

— Il n'y entend rien !

— C'est une mazette !

— A-t-on idée de relever si lentement ?

Le plus amusant c'est que, tout en faisant son possible pour ne rien prendre, le mystificateur remonte parfois son filet à demi-plein de mulets. Mais le conseilleur ne se trouble pas :

— Faut-il tout de même qu'il y ait du poisson, bougonne-t-il, pour qu'on en prenne en pêchant si mal !

Toute médaille a son revers. Le filet descend souvent toute une journée sans amener rien qui vaille. Mais le malheur pour l'amateur de carrelet n'est jamais complet. Il se console de rentrer bredouille en voyant que son émule de la gaule n'a rien non plus dans son panier.

C'est une sourde rivalité entre ces deux classes intéressantes de pêcheurs.

Assis tout le jour le long du quai, les jambes pendantes, le « lignard » contemple d'un œil indifférent la manœuvre du carrelet voisin.

Il garde à son endroit la froideur méprisante du pêcheur en rivière pour l'épervier. L'énormité du butin ne le tente pas : sa supériorité d'artiste lui suffit.

On se demande ce que ce mince bambou vient faire sur l'Atlantique. Ce brin de paille qui taquine l'infini évoque des captures imperceptibles, des proies microscopiques, des poissons pour aquarium de poupée. La lutte semble profondément comique entre l'océan et ce léger flotteur, posé comme une mouche sur une jatte de lait, ou plutôt sur une soupe au lait, car l'emportement proverbial de ce vieux mets français est à peine suffisant pour figurer les soubresauts de la vague, agacée par le pêcheur.

A la longue la mer finit par céder à tant d'importunité. La grande dame laisse tomber son aumône dans le panier : une demi-douzaine d'éperlans, deux ou trois sardines. Sa générosité n'est rien moins que princière ! Mais le pêcheur est facile à contenter. Il l'excuse de n'avoir pu faire davantage. Elle a, sans doute, ses pauvres.

Sur la jetée les *palingotes* plus ambitieuses guettent les maigres succulentes, que l'on appelle ici maigrots. La palingote, si vous l'ignorez, est un cordeau de vingt à trente

mètres, muni à son extrémité d'un plomb à
assommer un bœuf, et pourvu, à trente centimètres environ du fond, d'un bout de ligne
moins grosse, où s'accroche l'hameçon. Vous
amorcez avec des débris de sèches ou « casse-
rons ». Puis, votre ligne garnie, vous faites
tourner le plomb au-dessus de votre tête
comme un frondeur fait de sa pierre, et vous
envoyez votre arme à toute volée à l'énorme
Goliath liquide. Il n'y a plus qu'à vous souhaiter
bonne pêche.

On prend force maigrots, près de la nouvelle
jetée. Sans doute ces excellents poissons y
gardent en réserve un banc de coquillages,
dont ils sont fort friands, avec un dessert
d'algues vertes à leur convenance. Les malins,
dans une seule marée, en peuvent ferrer près
d'une douzaine variant de une à cinq livres. On
en prend de plus gros encore, en mer, à l'entrée
du port et près des rochers du Chay ou de
Pontaillac. Mais il faut rester à l'ancre une
demi-journée dans un canot, et c'est un genre
de distraction que je ne conseillerais qu'aux
estomacs solides. Aucun panier à salade ne peut
donner idée de l'affolement d'une si petite
embarcation à la lame.

A Royan, les gens prudents qui, comme

Panurge aiment à garder un pied en terre et l'autre pas trop haut, se contentent généralement de courir sus aux huîtres, aux crabes et aux congres, à mer basse, au moment des équinoxes.

La marée descendante, la « maline » comme disent les marins, laisse à découvert les rochers, depuis la pointe de Foncillon jusqu'au terreplein du phare. Les hautes piles de la jetée débarcadère sont presque à sec. On dirait les colonnes de quelque temple ruiné émergeant du lit limoneux du Nil. Le flot se retire très loin, mettant à nu les prairies d'algues et les grosses pierres moussues.

La pêche des huîtres n'est pas toujours ouverte ; mais les règlements ne se montrent pas impitoyables. Les indigents du pays peuvent venir cueillir leur déjeuner sans crainte d'être inquiétés. Quelques paniers de mollusques de plus ou de moins n'appauvrissent pas beaucoup les bancs. Dès que le « platin », ce promontoire de rochers où l'on descend entre la nouvelle jetée et le sémaphore, est asséché, femmes, enfants, vieillards s'acharnent à grands coups de marteau sur les pierres hérissées de coquilles. Quelques amateurs des deux sexes, appartenant à la colonie des baigneurs, suivent leur exemple. Mais ces ramasseurs occasionnels font plus de mal à leurs doigts et à leurs genoux qu'aux bancs d'huîtres.

En tout cas, la pêche aux crabes et aux congres demeure ouverte sans restriction. Elle ne connaît même, que je sache, jamais de fermeture.

Le congre est cette fausse anguille de mer si commune sur les côtes, dont la chair courte et pleine d'arêtes est bonne tout au plus à faire la soupe. Mais le pêcheur, comme le chasseur, s'inquiète peu de la qualité du gibier. Le plaisir de la poursuite, le triomphe de la capture lui suffisent. D'ailleurs, s'il est gourmet, quelques douzaines de crabes de rochers, dits de Cordouan, récoltés sur son chemin, le dédommagent amplement.

Le pêcheur, ou plutôt le chasseur de congres, s'arme jusqu'aux dents. Il part en guerre avec un attirail qui fait songer au légendaire Tartarin. Mais prenez garde de le juger sur l'apparence ! Rien n'est inutile dans son arsenal de combat. Les bottes sont indispensables pour marcher dans les flaques, les « lagotes » où l'eau monte souvent jusqu'aux genoux. Le grand chapeau préserve des coups de soleil. Cette pique effilée, cette « fouenne », emmanchée d'une longue perche, va servir à fouiller les trous du rocher. La pince permettra de soulever les grosses pierres. Ce crochet tirera les crabes de leurs retraites, et ce sabre rouillé, plus glorieux que celui de la Grande Duchesse, fendra l'eau pour assommer les serpents de mer dans leur élément naturel.

Attention ! Ce trou doit être habité. Le pêcheur se penche. Il dégage à coups de pince l'orifice obstrué par les huîtres. Il enfonce son crochet. Le congre va-t-il sortir ? Ah ! bien oui ! Le malin s'est enfoncé dans la roche. Le crochet est trop court. Vite la fouenne ! et fourgonnons en tous sens comme dans le foyer d'une chaudière....

Tout à coup le tueur de congres fait un saut en arrière. Son sabre se lève. Il retombe. Ce n'est qu'un éclair, mais un monstre gros comme le bras se débat sur la vase. Naturellement, vous n'y avez vu que du feu, ou plutôt de l'eau qui vous a éclaboussé des pieds à la tête. Mais il faut avoir l'œil exercé, et surtout ne pas rater son coup, car le congre, une fois plongé dans le fond troublé de la flaque, devient introuvable. Autant le chercher dans une botte de foin, comme sa congénère l'anguille.

Cet imprévu est délicieux. Quand le poisson donne, un coup n'attend pas l'autre. Le panier s'emplit en moins d'une heure, non seulement de congres ou de crabes, mais de mulets succulents et de loches grasses comme des cailles. Et combien peu de chemin à faire ! A cette chasse, comme à celle du gibier à plumes, rien ne sert de courir. Il faut visiter les gîtes, battre soigneusement son terrain, ne laisser ni une pierre, ni un trou, ni une lagote sans les avoir explorés. Souvent, un habile homme trouvera une plie superbe sous un rocher, que cinq ou six maladroits auront visité avant lui.

Si c'est à une marée de nuit que vous sortez, vous jouirez d'un spectacle incomparable. Le clair de lune fera miroiter les vases très loin, jusqu'au milieu de la rade. Les flaques, les lagotes brilleront à vos pieds, comme les éclats d'un miroir brisé. Sur les rochers, démesurément grandis, vous verrez s'agiter les gnômes d'Albéric, qui rythmeront à coups de marteau sur le roc leur besogne mystérieuse de pêcheurs d'huîtres.

XIII

DES AILES

La veille, à la tombée du jour, les premiers
éclaireurs avaient fait leur apparition. Sur le
boulevard, dans le gravier surchauffé, les sauterelles reposaient leurs ailes. Les promeneuses,
en les touchant du bout de leur ombrelle, les
faisaient partir comme la détente d'un ressort.
A la nuit, sentinelles vigilantes, elles se rap-
prochèrent des fanaux électriques, et commen-
cèrent en sautillant une veillée d'armes.

La journée du lendemain s'annonça comme
une des plus chaudes de l'année. Une buée
lourde couvrait la mer, voilant d'un manteau
de plomb l'entrée de la Gironde, les côtes du

Médoc. Puis la brume se dissipa. Le soleil épandit des torrents de feu sur la corniche, depuis le Parc jusqu'à Foncillon.

Tout à coup, vers midi, le gros de l'armée ennemie déboucha à l'est. En un instant, la ville fut investie. Sans doute, l'étape n'avait pas été longue, car l'entrain était merveilleux. Ce fut, pendant quelques heures, une véritable petite guerre. Les criquets s'élançaient à la charge avec une furia de voltigeurs.

De mémoire d'homme on n'avait assisté à pareil spectacle. Les commères sortent aux portes, armées d'un balai vengeur. Les cochers retournent les coussins de leurs breacks. Les consommateurs, aux terrasses de café, couvrent leur verre d'une soucoupe protectrice. On dirait une chûte de neige, un jour d'hiver, une neige de petits flocons roses qui montent et descendent en zigzaguant, sans pouvoir se décider à tomber. Sur le sol, c'est un vrai tapis, un tapis qui s'agite, qui marche, saute, vole, assaille le promeneur assez aventureux pour se risquer au milieu de ce fléau d'Egypte.

Pan, pan ! Madame voit se poser sur sa voilette une mouche assassine. Monsieur sent sur son front deux singuliers ornements. Dernier cri du modernisme, une sauterelle se campe en épingle de cravate. Une autre agrémente le pommeau sculpté d'une ombrelle.

C'est plus joli que des confettis, et c'est moins salissant. Pourquoi ne vendrait-on pas, dans les fêtes, des cornets de criquets ?

— Allons, mesdames, qui n'a pas ses sauterelles ?

Hélas ! tout le monde en a. Elles sont trop. Une sauterelle, c'est charmant, mais cent, mais mille, mais des millions de sauterelles ! Les façades des maisons ont changé de couleur. Ce badigeon vivant leur donne l'air de bâtisses nègres en pisé. C'est affreux. On marche sur du caoutchouc. Vont-elles arrêter le Decauville ? Gulliver va-t-il succomber devant Lilliput ? Bah ! le vaillant petit tram en a vu d'autres. Il ne paraît même pas s'apercevoir de ce torrent d'insectes qui cherche à faire patiner ses roues. Il passe sans ralentir sa marche, et les sauterelles, dépitées, s'envolent après leur coup manqué.

Elles s'envolent vers la mer.

Pourquoi ? Est-ce le vent qui les pousse ? Obéissent-elles au mystérieux magnétisme qui emporte toutes les migrations de l'est à l'ouest ? Elles franchissent grèves et falaises ; elles piquent droit vers l'océan, vers la belle nappe d'azur qu'elles prennent sans doute pour un champ de bleuets.

Mais, comme dans la complainte, elles font trois pas et les voilà noyées. La vague roule leurs petits cadavres. Depuis le Bureau jusqu'à Saint-Georges, on navigue dans des bancs de sauterelles mortes. Mieux que les professeurs d'agriculture, la mer a fait justice des envahisseurs.

Cependant sur les rochers, parmi les flaques, quelques échappées à la noyade sautillent mélancoliquement, et Bébé, qui promène son filet sous les algues vertes, pousse un cri de surprise :

— Maman, les crevettes qui volent !

Royan, par bonheur, n'a pas souvent la visite de bataillons aussi encombrants. Les hôtes de ses bois, de ses dunes, de ses parterres fleuris, n'envahissent ni ses rues ni ses promenades. Mais chaque soir, autour des globes électriques de la terrasse, des milliers d'insectes se rassemblent. Toute la famille des papillons de nuit vient déchirer ses ailes fragiles à ces fleurs de feu. Le sphinx tête de mort, le sphinx troène, le sphinx garance, se mêlent au bombyx cossu, au bombyx écureuil, aux noctuelles du frêne, au psi délicat. Ils viennent périr sur le sable, écrasés sous les pas des promeneurs indifférents :

leurs ailes nuancées de couleurs éteintes, vieux rose, vert bronze, brun antique, s'effritent en poussière impalpable.

Par les chaudes soirées d'orage, on voit parfois de véritables nuées obscurcir la lumière des globes. Des essaims innombrables de fourmis agitent leurs ailes argentées et transparentes. Trompées par l'éclat de l'électricité, elles tourbillonnent de longues heures autour des lampes. Ce sont des noces de fourmis. Une seconde d'amour en volant, puis la force mystérieuse qui leur avait donné des ailes les abandonne. Elles retombent sur le sol. Elles reprennent leur vie obscure dans la fourmilière.

Distraitement, du bout de son ombrelle gracile, la jeune femme aux yeux de pervenche, retourne sur le sable ces victimes du feu. Puis elle passe, indifférente. Elle distribue ses sourires à quelques insectes pesants, vilainement vêtus de noir. Sous le couvert des arbres, son rire perlé s'égrène et le cortège ridicule des papillons humains vient se brûler à ses regards luisants. Sur le sable, où leurs pas ont marqué de lourdes empreintes, on ne recueillera pas demain d'ailes nuancées de vieux rose, de vert bronze ou de rouge antique.

L'instinct des bêtes les trompe. Dans la nuit

où la nature a condamné à vivre un grand nombre d'entre elles, une étincelle, un point brillant les leurre. A Cordouan, à l'époque des migrations, quand le brouillard obscurcit les nuits sans lune, des vols d'oiseaux de toutes sortes, — rouges-gorges, linots, pinsons, merles, grives, cailles, bécasses, — attirés par la lumière, donnent à tire-d'aile sur les glaces du phare, et s'y brisent la tête. Certains soirs, lorsque la façade du casino Municipal resplendit, des hôtes ailés viennent se prendre à ce miroir trompeur. Cailles et passereaux entrent par les larges baies ouvertes au vent du large, et, tout étourdis de l'éclat des lustres, se laissent saisir par des mains d'enfants.

Sous les yeuses épaisses des bois de Pontaillac, au coucher du soleil, des milliers de petites chauve-souris promènent capricieusement leur vol ouaté. On les voit passer et repasser comme de gros papillons de nuit, d'énormes mouches silencieuses. Combien de fois, sur la lisière de ces bois tranquilles, à l'heure où le ciel se frange de rouge et d'orange, où la mer plus bleue semble monter dans l'air apaisé et se rapprocher des étoiles, combien de fois, me suis-je arrêté à contempler leur vol tournoyant? Semblables à ces papillons noirs des rêves, semblables aux pensées obsédantes des insomnies, elles partaient et revenaient, disparaissaient quand mes yeux les cherchaient, pointaient quand je n'y songeais plus.

Parfois je m'amusais à lancer un mouchoir très haut, vers le dôme des arbres. La légère toile se développait et, lentement, descendait vers le sol comme un oiseau blessé. Attirées par l'éclat de cette blancheur dans la nuit verte des bois, les chauve-souris accouraient. Leur essaim tournoyait, se croisait, se poursuivait autour de la toile brillante, comme un vol d'hirondelles s'assemblant pour la migration. Mais leurs ébats étaient silencieux. Pas un chant d'oiseau ne troublait le silence de la nuit tombante, si ce n'est parfois la note triste d'un épervier en chasse, ou le cri d'une fouine en maraude.

XIV

FEUILLES VOLANTES

J'ai rencontré, en fouillant d'anciens papiers, quelques numéros de la *Vigie*, le premier journal royanais. La trouvaille m'a ravi. J'ignorais entièrement l'existence de cet ancêtre de la presse locale, et j'ai fait connaissance, de la première à la dernière ligne, avec le vieux confrère.

On était quelque peu frondeur, dans cette bonne feuille. Le directeur, P. Granet, légitimiste convaincu, ancien publiciste à Agen, ex-libraire à Bordeaux, cumulait le double talent d'écrire en vers et en prose. Il en abusait pour entrer en guerre avec tous les pouvoirs publics. Son journal s'imprimait à Bordeaux, et paraissait toutes les semaines, pendant la saison des bains, sur quatre pages de petit format vendues vingt-cinq centimes. Le premier numéro porte la date du 26 juillet 1857.

A ce moment, florissaient les crinolines ; le comte de la Grandière était maire de Royan ; l'ingénieur Botton transformait les promenades. Mais le nombre des baigneurs était si peu considérable que le journal dut suspendre sa publication dès la seconde année. Lorsqu'il reparut en 1859, les administrations attaquées lui avaient suscité un concurrent quasi-officiel, le *Journal de Royan*, qui parut le 15 mai 1859, avec un superbe bateau à vapeur sur le titre.

Au fond, ce n'était qu'un vaisseau-fantôme, malgré le talent de son directeur André Lavertujon, rédacteur en chef de la *Gironde*, qui venait tous les étés au Chay se baigner dans la conche encore solitaire mais toujours attrayante.

Les deux journaux entrèrent en lutte. Il y eut du papier timbré de lancé, sept audiences de justice de paix, sans compter les appels à Marennes et à Poitiers. Au bout d'une année, les deux rivaux, essoufflés, cessèrent les hostilités... et leurs publications. Pendant sept ans, la presse périodique resta silencieuse, dans le sommeil de la Belle au bois dormant.

Le 20 mai 1867, le prince charmant sonna le réveil sous les traits du *Royannais*, avec deux *n*, en dépit de P. Jônain, le meilleur de ses collaborateurs, qui vota toujours pour l'économie d'une lettre et d'un accent tonique. C'était la seule feuille qui parût à Royan lorsque la nouvelle de nos désastres et de la chûte de l'Empire y parvint. Elle afficha en tête de son numéro du 6 septembre le cri de « Vive la France ! vive la République ! » et la proclamation d'une commission municipale provisoire, composée de MM. Pierre Ardouin, Elie Nicolas et Frédéric Garnier.

Presqu'aussitôt, le Comité républicain, présidé par P. Jônain, prit la direction du *Royannais*, et le transforma en *Tribune de Royan* le 29 octobre 1870. Mais ce journal de l'année terrible ne survécut pas aux grands événements qui l'avaient fait naître. Le 20 mai 1871, au moment où l'armée de Versailles allait entrer dans Paris, il céda la place à une feuille plus spéciale, consacrée aux intérèts locaux.

La Seudre commença à couler le 1er janvier 1872. C'était comme ses prédécesseurs, un hebdomadaire de quatre pages. Mais s'il

s'occupait avec soin des faits et gestes de la
station, il restait avant tout l'organe de l'arron-
dissement de Marennes. Au bout de quatre ans
et demi, il cessa ses relations royanaises, et
l'imprimeur, pour le remplacer, ressuscita le
Journal de Royan, deuxième du nom.

Enfin, le 28 janvier 1877, le *Phare littéraire*
alluma sa modeste torche. Au fronton de la
petite feuille brillait la tour de Cordouan, « Ter-
ræque marique », distribuant impartialement
ses rayons sur la Grande-Conche et sur Pontaillac. Mais quelle Grande-Conche! quel Pontaillac!
Si le dessin n'était signé par Ernest Hérisson,
qui fut à ma connaissance un artiste fort
consciencieux, je croirais presque à une mysti-
fication. Pontaillac n'a de bâti que la façade de
Verthamon, cinq ou six chalets sur la falaise.
La route de Vaux, toute blanche, sans un
arbre, monte comme un long serpent jusqu'à
la tour en bois de Malakoff. Sur la Grande-
Conche, pas une cabine. Pas une maison après
la place des Acacias! Ah! elle n'était guère
engageante la plage d'il y a vingt-cinq ans!

En revanche, pour justifier son titre de
« littéraire » le *Phare* sema dans son premier
numéro les rimes à pleines mains. Hérisson,
Adrien Dézamy, Ogier d'Ivry, André Lemoyne,

y figurèrent avec **P. Jônain** qui s'était chargé
de donner l'adresse du nouvel imprimeur :

> Rue en Bel Air, rue au Lavoir,
> Est-il plus salubre atmosphère ?
> C'est là qu'on a du *caractère* :
> Rue en Bel Air, rue au Lavoir !
> Vive *impression*, Gay sçavoir ;
> Fleurs et fruits que tout y prospère !
> Rue en Bel Air, rue au Lavoir,
> Est-il plus salubre atmosphère ?

Je n'ai pas besoin de dire que l'imprimeur se
nommait Victor Billaud et que le *Phare Littéraire* précéda d'un an la *Gazette des Bains
de Mer*, qui aurait pu célébrer déjà depuis
plusieurs années ses noces d'argent. Il fallait
un poète pour fonder un journal durable.

J'ai dans un coin de ma bibliothèque un
petit carnet plein de croquis du Royan d'autrefois. La main féminine qui les traça n'était
peut-être pas très experte ; mais elle dessinait
avec infiniment de goût, et savait, en quelques
coups de crayon, saisir au vif la physionomie
des choses. Je le dis pour rendre hommage à
la vérité, non pour expliquer mon attache-
ment pour le vieil album, l'affection que nous

avons pour certains objets et certaines gens
étant généralement sans rapport avec leur
mérite.

J'aime mon album parce que j'en ai vu
remplir les pages une à une, alors que, tout
enfant, je remuais des montagnes de sable sur
la Grande-Conche, il y a déjà... Est-il bien
utile de le dire ? Il y a déjà trente-cinq ans...
J'ai suivi de mes yeux ravis ces fines hachu-
res à la mine de plomb qui ombraient les
rochers de Vallières ; j'ai vu préciser le contour
de cette étoile de mer, que je venais de ramas-
ser sur la plage ; j'ai fait dessiner devant moi
ces innombrables bateaux à vapeur dont les
fumées noires estompaient l'horizon au large
de Pontaillac.

Car ces dessins étaient faits sur commande.
Tout ce qui plaisait à mon imagination d'enfant
devait passer sur le bristol, en dépit de la difficulté d'exécution. Les bouées de la Gironde, qui
s'étalaient comme de gros poissons morts sur la
place des Acacias, les énormes ancres repêchées
en mer, si commodes pour chevaucher à cali-
fourchon, étaient d'un dessin facile. Mais la
tâche devenait ardue quand il s'agissait de
fixer sur le papier la façade du chalet Marcou,
à Pontaillac, l'épicerie de mamzelle Trut, ou

les méandres des Montagnes russes, serpentant sur les dunes, à travers les pins.

Aujourd'hui l'album à dessin a perdu sa place dans le sac à ouvrage de nos dames. La griserie de vitesse qui les lance dans le vol éperdu de la bicyclette ou de l'automobile, s'accommode mal de procédés lents, minutieux. On ne voit plus, sur les rochers, de blondes jeunes filles gracieusement penchées sur une page blanche. La photographie a détrôné le croquis. Un bouton à tourner, un coup d'œil dans le viseur, un ressort qui se déclanche : clac ! Ça y est. C'est autrement facile et vite fait.

C'est moins gracieux. Le geste de la femme qui braque sur sa poitrine un cube de cuir noir manque de beauté. Avec le trépied et le voile, c'est encore pis. On dirait une sybille de Cumes, une pythonisse d'Endor. Mais qu'y faire? Ces messieurs avaient mis la photographie à la mode, il fallait bien les imiter ! Allons, mesdemoiselles, apprêtez votre Kodak !

Royan est un paradis pour les dames qui photographient. La variété des sites est infinie. On compte au moins cinquante sujets que tout baigneur qui se respecte doit mettre en cliché. Je recommande particulièrement les rochers

de Vallières et l'arrivée du bateau de Bordeaux.
Mais il faut se presser. C'est très demandé.

Naturellement les personnages jouent un
grand rôle dans les photographies d'amateurs.
Pas de bonne excursion sans le groupe sympa-
thique au pied du phare ou de la vieille église.
Au retour, on porte le cliché chez le photographe
professionnel, — ces dames ne développent
pas elles-mêmes, le bain tache les doigts, —
et pendant quelques jours, c'est une attente
anxieuse du résultat.

— Avez-vous vu l'épreuve ? suis-je bien
réussie?

Si le soleil, par un rayon malicieux, a
fait froncer deux jolis sourcils, si une bouche
mignonne s'est ouverte au moment psycholo-
gique, ce sont des exclamations sans fin :

— Quelle honte !

— Je suis hideuse !

Généralement cette première épreuve, que
l'on se passe de mains en mains, n'a pas de
second exemplaire. Les photographes amateurs
font des clichés : ils ne tirent jamais d'épreuves.

Le kodak a détrôné l'album à dessin ; la
carte postale à son tour menace fort de faire

disparaître la photographie. Mais qui songera
à s'en plaindre ?

Elles s'étalent, coquettes, aux devantures
des promenades. Sur le bristol blanc, les tons
vaporeux de la photogravure se nuancent de
dégradés délicats, se rehaussent de vigueurs
provocantes. Les petites vues ont quelque
chose de vivant, l'éclair d'une prunelle noire
sur un teint d'ivoire. Volontiers on les compa-
rerait aux portraits d'actrices qui garnissent
les vitrines du Palais-Royal, si l'on pouvait
égaler les beautés factices de la rampe aux
célébrités du grand soleil, les premiers rôles
des théâtres parisiens aux premiers sujets du
théâtre de la nature.

Rieuses et effrontées, la Grande-Conche,
Foncillon, Pontaillac, déploient leurs rangées
de tentes propices aux tête-à-tête, leur foule
élégante aux toilettes tapageuses, leurs théories
de baigneuses mollement bercées par la vague.
Les casinos évoquent des chansons et des
rythmes d'orchestre. Saint-Georges, Le Bureau,
les allées du Parc ont des grâces d'ingénues.
La Grande-Côte semée de débris de naufrages,
le clocher de Saint-Palais émergeant de son
ossuaire de marins, prennent des poses de
grands tragiques. Les trois moulins de Meschers,

coiffés de leur bonnet en pointe, font des équilibres de clowns sur leur plateau, au-dessus des flots.

Choisissez ! mesdemoiselles. Sombres ou claires, tristes ou gaies, vous assortirez, mieux que les nuances d'un papier à lettres, les jolies vues à la couleur de vos pensées. Avec un peu de recherche, vous en trouverez pour chacun de vos états d'âme. Demain, en recevant le laconique message, l'aimé devinera ce que l'écriture seule est impuissante à rendre, ces pensées si ténues, ces impressions si fugitives, ces fleurs si fragiles, qu'elles n'éclosent que devant certains sites, dans la poésie des visions familières.

Certes, ce fut une main de femme qui encadra la première son message d'un coin de mer reflétant les voiles blanches, d'une calme rivière ombragée de peupliers et d'aulnes. Ce fut sans doute Rosine écrivant à Almaviva, à la barbe de Bartholo. Le léger carton emporte deux lignes de souvenir banal, un bonjour indifférent. Mais à côté, dans le discret paysage, murmure le flot confident des rêves, bruissent les roseaux à qui l'on a chuchoté le grand secret.

Ces gracieuses vignettes devraient être portées par des pigeons voyageurs. Leur frêle épiderme ne mérite pas la promiscuité du sac à dépêches, le trajet entre des prospectus de marchands de vins et des sommations de créanciers grincheux. Pourquoi ne pas ouvrir dans chaque bureau un guichet où des postières aux mains blanches recevraient les cartes et les porteraient au colombier ? On leur éviterait du même coup l'affreux supplice du tamponnage à l'encre noire. Elles n'ont rien fait pour le mériter, les innocentes, et quand bien même elles se seraient rendues complices de quelques peccadilles, notre code criminel n'a-t-il pas rayé la marque de ses peines infamantes ?

Je sais bien qu'il y aurait un moyen d'éviter la flétrissure. Ce serait de mettre les cartes en album aussitôt sorties de chez le marchand. Le beau mérite ! le précieux souvenir qu'une figurine que le premier passant venu peut acheter pour quelques sous ! L'argent paie tout, Monsieur ou Madame, sauf ces deux lignes d'une écriture familière qui ont traversé la France pour venir à vous.

Gardez les bien ces petites vues apostillées par une main amie, ces feuilles cueillies en pensant à vous. Mettez-les entre les pages de votre livre préféré. Elles ne s'effriteront pas comme des fleurs séchées. Dans des années,

quand vous rouvrirez le roman de votre jeunesse,
elles refléteront encore pour vous l'écume des
vagues, les pins qui chantent sous la brise,
les phares, étoiles humaines qui s'allument au
ras des flots.

XV

UN PEU D'HISTOIRE

Le 27 septembre 1669, un carrosse attelé de six chevaux gris amenait à Royan des visiteurs de marque. C'étaient quatre célèbres avocats qui se rendaient à Bordeaux pour une mission de confiance. Ils se nommaient Jean Perrault, Gomont, de Saint-Laurent et Abraham. Avec eux voyageait Claude Perrault, le médecin architecte à qui nous devons la colonnade du Louvre, et que Boileau a quelque peu malmené dans ses épigrammes :

> Ton oncle, dis-tu, l'assassin,
> M'a guéri d'une maladie :
> La preuve qu'il ne fut jamais mon médecin
> C'est que je suis encore en vie.

Claude Perrault pouvait être médiocre Escu-
lape. A coup sûr c'était un maître architecte,
et un observateur avisé. Son récit de voyage
semble écrit d'hier.

Perrault et ses compagnons de route avaient
quitté Brouage dans l'après-midi. La route à
travers les marais salants leur sembla courte.
Ils s'intéressèrent à la récolte du sel, qui, à
cette époque de l'année, alignait sur les digues
ses beaux « pilots » blancs. A Saujon, ils virent
le château, bâti par le cardinal de Richelieu.
Mais ses trois corps de logis, flanqués de quatre
pavillons et entourés d'un simple mur de
clôture sans parc ni jardin, déplurent aux
touristes.

En revanche, l'aspect de Royan les charma.
Aussitôt arrivés, ils s'empressèrent d'aller visiter le château, tout à fait à l'écart sur le rocher
de Foncillon. Ils n'en trouvèrent que les ruines.
Les fortifications du côté de la mer avaient été
abattues quarante-sept ans auparavant par le
roi Louis XIII. Il ne restait debout que deux
grandes tours regardant la ville, rasées à moitié
de leur hauteur. Poursuivant leur visite, nos
curieux arrivèrent à une pointe de falaise isolée,
où se voyaient encore des traces de la guerre.
Une grosse pièce de canon rongée de rouille,

restait exposée aux injures du temps : son affût pourri s'effondrait sous la charge.

La soirée s'annonçait radieuse. En face, Cordouan dressait en pleine lumière sa merveilleuse architecture, encore indemne du marteau des ingénieurs. Les parisiens prirent leurs lunettes d'approche et contemplèrent la blanche silhouette.

Au retour, ils allèrent voir pêcher la crevette qu'on appelait déjà « santé ». Le temps était si beau qu'ils prirent la résolution de s'embarquer le lendemain pour Cordouan, bien que l'excursion ne se fît plus guère après la mi-septembre. On convint d'un prix avec les matelots : il fut entendu qu'une chaloupe serait prête dès le matin pour partir avec la marée. Mais le temps se gâta pendant la nuit. Au petit jour nos voyageurs furent éveillés par le bruit de la mer qui grondait sur les brisants. Il fallut renoncer à s'embarquer. Les pêcheurs, malgré le regret de perdre leurs passagers, furent les premiers à déconseiller l'excursion.

Il n'y avait qu'à donner l'ordre d'atteler. A huit heures du matin, Claude Perrault et ses compagnons montèrent en carrosse, et dirent adieu à Royan. La mer était basse. A leur grand étonnement, le cocher dirigea ses chevaux sur la plage. On traversa le port à sec, ou plutôt la Grande-Conche puisque depuis le siège la digue n'existait plus, et que marins ou pilotes se contentaient de tirer leurs embarcations sur le rivage. Le sable mouillé était si ferme qu'à peine y voyait-on la marque des roues du carrosse et les pieds des chevaux. En revanche, l'auteur du mémoire fait cette jolie remarque que la mer en se retirant laisse sur le sable des traces en ondes ou en chevrons brisés, comme du « point de Hongrie. »

Bientôt le carrosse s'engagea sur la route de Saint-Georges, et les voyageurs prirent la rive droite de la Gironde par Meschers, Saint-Fort et Saint-Bonnet. Il n'est plus question de la Saintonge dans leurs notes de route.

Après le Royan de Louis XIV, le Royan de Napoléon. Après la citadelle royale, le vieux fort de l'empire dont le mulâtre Bellamy, maître d'école de Pelletan, formait l'unique garnison.

Lorsque l'auteur de la *Naissance d'une Ville* épelait ses lettres, le fort du Chay n'était plus qu'un amas de ruines ensevelies sous un lit de ronces et d'ajoncs : on y heurtait çà et là quelque canon de fonte hors d'usage, ou quelque débris d'affût gisant dans l'herbe, derniers témoins d'un passé glorieux. Bellamy lui-même n'y mettait jamais le pied, parce qu'il portait des culottes courtes et qu'il avait peur des serpents.

Ce tas de pierres joua pourtant son rôle dans notre histoire. Construit sous la République, pour fermer la Gironde à l'Angleterre, il attira l'attention du vainqueur d'Austerlitz, et la publication des *Dernières lettres de Napoléon 1ᵉʳ* montre combien l'empereur attachait d'importance à ce point de défense de la Gironde.

Nous sommes en août 1811. Au canon des Invalides, dont les bouches d'airain viennent d'annoncer au monde la naissance du Fils de l'homme, répondent les canonnades des frégates anglaises, maîtresses de la mer depuis le désastre de Trafalgar, maîtresses des côtes de Saintonge depuis la malheureuse affaire des brûlots de l'île d'Aix.

Plusieurs bricks français, poursuivis par l'ennemi ont cherché un abri à l'embouchure de la Gironde, sous la protection des forts du Chay et du Verdon. Mais les batteries sont mal armées ; les pièces manquent de portée, les munitions font défaut ; pas de mortiers, pas d'obus, une poudre détestable. Les vaisseaux anglais continuent leur marche sans essuyer un seul coup de canon, et le *Pluvier*, le bâtiment français le plus rapproché de Royan, est obligé de s'incendier pour ne pas tomber entre leurs mains.

Le premier mot de Bonaparte, quand il apprit à Compiègne cette malheureuse affaire, fut, comme toujours, un cri de colère. Il écrivit au vice-amiral Decrès, son ministre de la marine : « Faites arrêter les coupables ! » Puis, avec la prodigieuse activité d'esprit qui le faisait entrer dans les détails les plus minutieux d'organisation, d'armement, d'administration pour son immense empire, il lança coup sur coup cinq ou six lettres à ses ministres. Ordonner des enquêtes, se faire envoyer des plans et des mémoires, prescrire la mise en défense des forts fut l'affaire de huit jours.

« Il n'y a pas en France un point plus intéressant que l'embouchure de la Gironde ! »

(Lettre du 31 août 1811 au général Clarke, duc de Feltre, ministre de la guerre).

Comme toujours, l'enquête ne prouva pas grand'chose puisque l'empereur ne prit aucune mesure de rigueur. D'ailleurs qu'eût-il gagné à punir quelques officiers subalternes ? Les responsabilités remontaient plus haut. C'était la destruction de notre marine, le blocus continental, la guerre néfaste d'Espagne, l'épuisement en hommes et en argent. Tout l'effort des armes était tourné vers le continent. Il n'y avait plus pour les côtes ni hommes ni canons. Le vrai coupable dans l'affaire de Royan, c'était Napoléon. Mais l'amour propre blessé du grand homme ne pouvait en convenir ; il rejeta la faute sur les milices avec une âpreté où se lit son mépris pour les soldats-citoyens :

« Tout le mal vient de l'affreuse méthode de confier la garde de nos côtes à des paysans ».

En attendant le remplacement des gardes-côte par des régiments d'artillerie, l'empereur étudia, sur les cartes, un plan de défense de la Gironde. Sa première idée fut de faire remonter ses escadres plus avant en rivière. Il jeta les yeux sur la rade de Talmont, qui lui parut très sûre, couverte par les Marguerites, le banc de Talmont et une vieille enceinte ruinée, fortification redoutable... sur le papier. Il songea à mouiller sept ou huit vaisseaux de guerre sur ce fond vaseux où les barques de pêche ont peine à aborder.

En 1815 un vaisseau de haut-bord, le *Regulus,* poursuivi comme le *Pluvier* par une escadre anglaise, vint à son tour chercher refuge dans l'estuaire. Il remonta le fleuve jusqu'à la hauteur de Meschers. Mais l'escadre ennemie ne s'arrêtant pas, le capitaine du *Regulus* prit le parti héroïque de brûler son navire. Il mit à terre la poudre et l'équipage, puis il attacha la chemise soufrée au flanc du vaisseau.

Le feu, raconte Eugène Pelletan, gagna d'abord la batterie haute, les canons chargés partaient un à un à intervalles inégaux, puis il envahit la batterie basse. Mais déjà la mer noyait la bouche des canons ; on entendait sous l'eau une explosion étouffée, comme la dernière plainte du navire mourant. Ce fut ensuite une lutte acharnée entre le feu et le flot, entre les deux éléments destructeurs. Il semblait que chacun d'eux voulait garder sa proie le dernier. Mais tout à coup l'immense carcasse, partout crevassée, tournoya sur elle-même, la mer s'ouvrit, se referma, fuma un instant comme l'eau lorsqu'on y plonge un fer rouge, et tout fut dit : ce qui restait du *Regulus* venait de sombrer.

J'ignore si Mme Sarah Bernhardt, reprenant ses tournées triomphales, viendra promener la pâle silhouette de l'*Aiglon* sur les falaises de Royan. Mais, à la place de l'illustre tragédienne, j'aimerais à évoquer ces grands souvenirs en face de cette mer de Saintonge, dont les flots portèrent jadis le *Bellérophon* et l'Aigle enchaîné.

Sarah Bernhardt pourrait prier son poète d'ajouter un épisode nouveau à la légende. Flambard, s'adressant au duc de Reichstadt, viendrait lui raconter que Royan faillit sauver la liberté et l'empire à son illustre père. Imaginez-vous quel tonnerre d'applaudissements ferait crouler la salle du casino, lorsqu'à une demande de l'*Aiglon*, Flambard dirait le plan d'évasion qui devait faire embarquer, sur cette côte, Napoléon et sa fortune ?

Ceci n'est point un conte, comme on pourrait le croire. C'est de l'histoire et de l'histoire vraie.

Pendant les derniers jours que l'empereur passa en France, perdant en tergiversations, en projets aussi vite abandonnés que conçus, un temps précieux, le vice-amiral Martin lui proposa de remonter la Seudre en canot, de traverser à cheval la langue de terre qui sépare

Marennes de la Gironde et de s'embarquer sur une corvette commandée par un officier dévoué.

Le plan sourit au fugitif. Ce qui le préoccupait plus que le point de départ et le point d'arrivée, c'était l'intervalle qui les séparait et qu'il aurait à franchir. On recevait de Rochefort les nouvelles les moins rassurantes de cette région de la Charente-Inférieure.

Le pays d'Arvert avait arboré le drapeau blanc. On ne voulut pas que Napoléon s'exposât sur un terrain aussi périlleux avant qu'il eût été exploré par des éclaireurs.

Le général Lallemand fut chargé de cette mission. Sous le déguisement d'un officier de marine il parvint sans encombre à Bordeaux. Il y vit le consul américain qui promit de faire embarquer l'empereur, sans que personne s'en doutât, sur un des bateaux portant le pavillon de l'Union, en station dans l'estuaire.

Le lieutenant général s'en revenait fort rassuré, tout prêt à conseiller au souverain déchu ce mode d'évasion, quand, aux environs de Royan, il fut reconnu malgré son travestissement pour un des fidèles de Bonaparte. Les paysans se jetèrent à sa poursuite. Lallemand reçut une grêle de pierres et de balles. Il eût été infailliblement écartelé, déchiré, mis en lambeaux, s'il n'avait eu un bon cheval pour le tirer de ce mauvais pas.

Napoléon, dont les meilleurs déguisements ne parvenaient pas à dissimuler les traits si connus et si caractérisés, ne jugea pas à propos de reprendre pour son compte les étapes fournies par son général.

Il se rendit. Dans la lâcheté des causes vaincues, l'empire mourut à quelques heures de Royan, et s'éteignit dans les flots, comme l'astre de la guerre.

Trente-huit ans auparavant, un jeune homme, aussi enthousiaste pour la cause des opprimés que Napoléon le fut plus tard pour la conquête et l'oppression des peuples, avait réussi un embarquement tout aussi audacieux. Le 26 avril 1777, trompant la vigilance de sa famille et les espions apostés par les ministres de Louis XVI, le marquis de Lafayette prenait, à Royan, la mer et faisait voile vers Georgestown où l'attendait Benjamin Franklin, père du peuple.

Grand souvenir, titre de gloire impérissable, qui mériterait d'être fixé sur le marbre, en face de ces flots qui virent poindre l'aube de la liberté sur le nouveau monde affranchi ! Le navire qui portait dans ses flancs le messager de fraternité et de justice franchit hardiment les passes, salué au passage par la lueur amie de Cordouan, précurseur de la colossale statue de Philadelphie : « La liberté éclairant le monde. »

XVI

L'AVEUGLE DU CHAY

Deux vieilles gens, le mari, la femme.

Depuis vingt ans, tous les baigneurs les voient à la même place, à l'entrée du fort, sous l'ombre d'un bouquet de pins et d'acacias. Les yeux du mari sont fermés à la lumière. Il racle de mémoire des airs d'autrefois sur un méchant crin-crin. Sa femme ramasse les sous qu'on lui jette, et reconduit son vieux à Royan après le passage du dernier tramway.

Ce groupe rustique fait partie du paysage. Les baigneuses en toilette, qui descendent vers Pontaillac à l'heure du bain, préparent leur bourse avant l'arrêt du Chay. Les bébés

réclament un sou, et de leurs menottes exqui-
sement maladroites, le lancent sur la route,
pas bien loin, avec le joli geste qui leur sert
à donner des miettes aux poissons rouges.

— Tiens ! bon aveugle.

Le bon aveugle, comme c'est son devoir, ne
les voit pas. Sa femme, on le croirait, pas
davantage, tant son visage ridé garde d'impas-
sibilité sous son fichu à la Fanchon. Mais
elle entend le bruit des piécettes sur la chaussée.
Elle recueille la manne dans les poches de son
« devanteau », tandis que, pour aiguillonner
la pitié bienfaisante, l'archet gémit plus lamen-
tablement, déchire les oreilles d'une plainte
plus aigue.

Jacques Roux, — c'est le nom du violoneux
du Chay, — n'a pas toujours fait appel « à la
charité des passants » ainsi que le disait jadis
son écriteau. A l'époque où il était jeune, où il
voyait et entendait, où ses jambes le portaient
alertement, c'était un ménétrier en renom.

On se disputait sa présence dans les bals
de Saint-Pierre et de Royan. On le mandait des
environs : il faisait les belles soirées du bal de
Bernon, sur la route de l'Eguille. Lorsque
passent près de lui ses contemporaines, elles se
rappellent ces jours lointains, bien lointains,

où le violon du pauvre infirme les entraînait gaiement à la valse ou les soulevait aux cadences de la polka. En souvenir, elles lui donnent leur obole.

Le temps, qui ne respecte rien, a passé. Les bals ont disparu, ou plutôt leur physionomie s'est modifiée. Un modeste violon ne suffit plus. Il faut maintenant un orchestre complet, et l'instrument le plus recherché — ô Florian ! voile-toi la face, — c'est le piston.

Les ménétriers ont vécu.

Jacques Roux, du moins, n'aura pas vu cette profanation. Dans la nuit éternelle que lui a faite la cécité, dans le calme que lui donne la perte de l'ouïe, il se console de tout ce qui n'est plus en faisant chanter à son instrument, — un violon qu'il a taillé lui-même, à la pointe de son couteau, — la vieille chanson que chantonnaient nos grand'mères pour nous endormir et que plus d'un amoureux, depuis longtemps septuagénaire, murmurait à l'oreille de sa belle.

Ce philosophe racle son violon comme Diogène roulait son tonneau, mais avec un sort moins enviable. S'il eut jadis, semblable au sage cynique, une maison roulante, aujourd'hui il ne lui reste pour s'abriter qu'un vaste

parapluie de cotonnade bleue et une vieille calotte
de drap qu'il enfonce sur ses yeux éteints.
Ainsi le voulurent les dieux ennemis de son
repos.

Il n'y a pas encore bien longtemps, l'aveugle
du Chay s'enorgueillissait d'une voiture, informe
véhicule que lui avait peut-être légué quelque
marchande des quatre saisons. La côte est rude
pour monter au fort. Jacques Roux laissait
sa brouette dans le petit bois voisin, où elle
passait la nuit sous la protection des gardiens
militaires. Le lendemain, il la sortait pour
s'asseoir. Sous un baldaquin qui l'abritait du
soleil et des averses, il trônait, tel un roi des
pauvres gueux, tandis que sur sa tête, en belles
lettres capitales, s'étalait cette proclamation :

> Chrétiens, au nom du Tout-Puissant
> Faites l'aumône au pauvre aveugle en passant.
> Le malheureux qui vous le demande
> Ne verra ni n'entendra qui la lui fera,
> Mais il priera que Dieu vous le rende.

Un beau jour, il se passa au fort d'étranges
choses. Les gros canons qui, s'ils n'étaient pas
sourds comme Jacques Roux, gardaient jusqu'alors un mutisme prudent, retrouvèrent
leur voix d'airain. Des uniformes rouges et
noirs défilèrent sous les pins. La palissade

vermoulue fit place à une grille de fer. Un mur en pierres sèches surmonté de gabions chassa les lapins de leurs terriers et la voiture de sa remise champêtre. Renonçant aux grandeurs, l'aveugle s'inclina devant les nécessités de la défense nationale.

Au temps des manœuvres, quand l'escadre de torpilleurs fait mine de forcer l'entrée de la Gironde, les batteries vomissent la flamme et le feu sur la rade. Les vitres des villas voisines tremblent. Des promeneurs pensent perdre l'ouïe.

Jacques Roux ne s'aperçoit de rien. Dans l'intervalle des salves, quand les monstres s'arrêtent pour reprendre leur souffle, on entend le son grêle du crin-crin écorchant la romance de *la Grâce de Dieu*. Comme ce laboureur qui chantait en poussant ses bœufs pendant que cinquante mille hommes trouvaient la mort à la bataille de Sedan, les éclats furieux des canons n'interrompent pas la ritournelle du vieux ménétrier.

Blottie comme un nid de mouettes dans une anfractuosité de la falaise, la conche du Chay est la plus intime, la plus familiale des plages de Royan : les initiés seuls la connaissent.

Les promeneurs jettent un coup d'œil distrait sur la minuscule arène, et repartent bien vite, découragés par l'aspect poussiéreux du plateau, semé d'ajoncs et de fondrières.

La descente est une surprise. Si jamais plage mérita ce joli nom de conche, qu'employèrent en leur temps d'Aubigné et Palissy et que conserva, fort heureusement pour la langue, la traditionnelle Saintonge, c'est bien cette vasque aimable, arrondie au fond de son circuit de rochers. Le sable fin qui la tapisse appelle les pieds nus, les mols abandons près de la vague. A côté de la Grande-Conche, à côté même de Pontaillac, elle semble une plage pour enfants : elle est si menue qu'il a fallu suspendre les cabines au flanc du rocher. Alignées sur le sable, elles n'auraient pas laissé de place pour les baigneurs.

Ceux-ci sont nombreux. Des villas aux couleurs trop voyantes qui essaiment le plateau jadis désert, des chalets qui bordent les larges avenues, des maisons blanches du village du Chay, descend chaque jour un long cortège de fidèles. Ils se suivent, par petits groupes, vers quatre heures, dès que le soleil, plus bas à l'horizon, laisse les rochers projeter leur ombre sur la plage. Les dames ouvrent leurs pliants, les messieurs s'assoient sans façon sur le sable, les enfants, jambes nues, courent à leurs travaux coutumiers. Chaque groupe d'arrivants forme une colonie à part, et, comme la place à l'ombre est mesurée, tous ces petits cercles finissent par se coudoyer sans en paraître gênés.

Le passant, que le hasard amène dans ce coin discret, a l'impression de tomber dans une réunion où tout le monde se connaît : il se trouve l'air d'un intrus. Puis, peu à peu, l'absence des regards curieux qui dévisagent, la franchise des physionomies, le mettent à l'aise : il s'assied, et la plage du Chay compte un nouvel habitué.

Naturellement, il ne faut pas chercher sur cette conche familiale, les tentes bariolées, les ombrelles fleuries et les toilettes à la dernière mode. Le lawn-tennis y est inconnu, le croquet intermittent. En revanche, on ne trouve nulle part autant de pâtés de sable, ni de fortifications à triple vallonnement. Le sport nautique, également en honneur, a pour théâtre les naumachies naturelles creusées dans les rochers du fort : un club de yachtmen convaincus y fait naviguer des sloops, des bricks et des goëlettes, et soulève de terribles vagues en agitant les « gasses » avec des pelles à sable.

Beaucoup d'acteurs et d'actrices ont adopté la plage du Chay, où jadis un notable critique venait prendre ses ébats. L'annonce seule de sa présence dans cette baignoire naturelle faisait courir des frissons sur la nuque des petites baigneuses. Elles rectifiaient la position, comme sur la scène du casino quand on murmurait derrière le rideau : « Sarcey est dans la salle ! » Ce souvenir séduit-il encore nos excellents artistes? Je l'ignore, mais à l'heure du bain, rois et reines d'opéra-comique, ducs et marquises de comédie, maîtres de forges et traîtres de mélos, aiment à venir s'asseoir au Chay, un bout de rôle dépassant la poche. Il n'est pas rare d'apercevoir sur une pointe de rocher « praticable » un groupe de célébrités artistiques digne de tenter l'objectif d'un Reutlinger.

Cent pas plus loin, une autre petite conche aussi calme et aussi ignorée s'étale au soleil.

Quand, par la voix monotone des contrôleurs, le Decauville égrène le chapelet de ses stations, si rapprochées que le petit tram semble ne se mettre en mouvement que pour se donner le plaisir de s'arrêter, le nom de « Pigeonnier » fait dresser l'oreille aux voyageurs. D'instinct les têtes s'orientent vers le

boulevard ensoleillé — ô combien ! — qui
pique droit vers la mer. Les yeux se mettent
en quête d'un toit pointu, d'une tourelle ajourée, de vols tournoyants de pigeons.

Ils n'aperçoivent que la tour du Chay, faction-
naire morose à qui sa toiture en chapeau de
gendarme confie la police des bosquets d'alentour. Sur la côte, des mouettes ou des goëlands
picorent le sillon des vagues, oiseaux trop
vagabonds pour justifier l'établissement d'un
pigeonnier. Je me trompe. A la saison des bains
des vols de vrais pigeons tournoyent autour du
phare, comme s'ils voulaient lui demander abri.
Ce sont les victimes échappées du tir aux
pigeons, édifié, ironie cruelle ! tout près de la
conche du Pigeonnier.

De toutes les plages de Royan, c'est la plus
tranquille, la plus ignorée. Les gamins qui s'y
baignent enlèvent leurs culottes dans les anfrac-
tuosités de la falaise, au grand déplaisir des
crabes dont cette intrusion trouble les ébats.
Souvent même ils ne les enlèvent pas du tout :
les flaques d'eau se rendent complices de
baignades improvisées que l'œil des mamans
réprouve sévèrement.... quand elles les découvrent.

La conche du Pigeonnier s'offre pourtant le

luxe d'un petit bois coquettement agrafé à sa ceinture. Mais ce jardin de Jenny l'ouvrière est entouré de ronces en fil de fer qui en rendent l'abord plutôt pénible aux poètes et aux amoureux. Il réserve ses ombrages pour les heureux propriétaires de deux villas, assises aux premières galeries de ce cirque en miniature. L'une d'elles se nomme « Robinson ». C'est l'ancien établissement d'hydrothérapie du casino de Foncillon qu'un royanais eut l'idée de transporter pierre par pierre sur la falaise. Il y réussit, non sans frais. Il eut le plaisir de ressusciter l'ancienne maison de bains dans son intégrité, avec ses deux ailes bastionnées et ses fenêtres cintrées, accouplées comme des loggias italiennes. Mais il négligea d'emporter en même temps le manège élévatoire : « la noria », où un cheval aveugle faisait monter l'eau de la plage de Foncillon dans le réservoir du casino.

D'autres villas, plus modernes, ont escaladé le plateau sur la pointe septentrionale, du côté de Pontaillac. Elles surplombent un véritable chaos de rochers, éboulement de blocs qu'on croirait arrachés d'hier à la falaise. Pourtant qui pourrait dire combien d'années ont passé sur ces pierres, si légèrement suspendues qu'un enfant croirait pouvoir les remuer du doigt, si profondément scellées que l'assaut des lames n'a pu les déplacer d'une ligne?

D'ingénieux riverains y ont installé des pêcheries. Ils ont scellé des poteaux entre les rochers et jeté sur ces frêles supports des passerelles rustiques, où ils viennent manœuvrer le carrelet. J'ai compté trois ou quatre de ces ponts suspendus. L'un d'eux, perché sur un bloc isolé, le plus avancé en mer, est relié à la côte par un véritable pont-levis et par une porte garnie de chevaux de frises.

Malgré tant d'attraits la conche du Pigeonnier n'a pas la vogue. Son sable est aussi fin que celui de ses voisines ; la mer y est aussi bleue, aussi caressante, mais la mode comme le violoneux du fort est aveugle. Même les baigneurs modestes, épris de petits trous tranquilles, dédaignent cette paisible plage qui n'est pas au coin du Chay.

XVII

LA PLAGE DU CHIC

Lorsqu'on aperçoit Pontaillac du haut de la falaise, la plage développe sa courbe entre deux pointes de rochers, qui l'entourent comme des bras protecteurs. La vague, en s'y brisant, lui brode une frange d'écume qui la fait ressembler à une immense coquille nacrée.

Sur le sable fin, à l'heure du bain, au pied des cabines multicolores, s'agite le fouillis changeant des robes claires et des ombrelles vives, les joueurs de lawn-tennis et de croquet. Les enfants, comme partout, construisent des forteresses, alignent des digues, creusent des tranchées, tandis que les mères heureuses surveillent ce travail cyclopéen, assises sous les tentes rayées de rouge. Parfois l'on entend quelques notes stridentes de flageolet. Le chevrier passe avec son troupeau noir, suivi par un chien maigre. Plus loin, l'appel de Polichinelle rassemble les enfants autour de son théâtre en miniature. Les cabines s'ouvrent. Baigneurs et baigneuses s'échappent dans la gaieté du costume changé. Les hommes plus graves, les femmes et les jeunes filles sautillant les mains dans les mains, viennent se livrer aux flots caressants.

On a peine à s'imaginer, même lorsqu'on l'a connue aux temps héroïques, que cette plage mondaine et brillante eut des débuts plus que modestes. Il y a quelques trente ans, elle n'avait pour ornement qu'une vaste cuve de bois où l'on faisait chauffer au soleil l'eau nécessaire aux bains de pieds. Une douzaine de cabines, posées sur le sable, suffisaient aux exigences des baigneurs. Le long de la route quelques maisons alignaient leurs façades basses. Le commerce local consistait en une boutique de pâtisserie tenue par une excellente fille, Mlle Trut, au coin de la rue des Montagnes russes, la seule ouverte dans la direction de la forêt.

Oh ! ces Montagnes russes, l'unique divertissement offert aux baigneurs !

Un industriel de Bordeaux avait installé sur les dunes une voie de fer d'environ trois cents mètres, que chaque après-midi la foule des enfants et même des grandes personnes parcourait à l'envi. Le long de la voie étaient placés des jeux d'adresse : anneaux que l'on s'efforçait d'enfiler avec une lance, têtes de Turcs qu'on enlevait à la pointe d'un sabre de bois, géant fantastique entre les jambes duquel on passait et qu'il fallait tirer au ventre pour voir apparaître sa tête monstrueuse. Bien entendu, le sang-froid manquait à ceux qui s'exerçaient à ces jeux olympiques, mais quelle joie pure, quel plaisir sans mélange que cette course sous les pins, au-dessus des petits lacs sillonnés de minuscules frégates !

Aujourd'hui, dans le Pontaillac moderne, le vieil habitué chercherait vainement les deux poteaux ornés d'oriflammes entre lesquels s'ouvrait l'entrée des Montagnes russes. La forêt est semée de villas et de chalets, en bordure sur de larges avenues éclairées au gaz : plus rien ne reste du petit Bois de Boulogne d'autrefois.

Avec son groupe de cabines bleues, abritées au pied de la falaise, la façade polychromée de sa Restauration, son fouillis de mâts et ses banderolles flottantes, Pontaillac a pris un air de fête qui le fait ressembler à un palais d'exposition. Le soir, vers cinq heures, sur la terrasse, entre la salle où les belles désœuvrées suivent anxieuses la course des petits chevaux et le restaurant où elles viennent croquer le baba après le bain, de graves messieurs prennent des apéritifs en contemplant ce monde en mouvement, tandis que des musiciens modulent de vagues mélodies.

Et les divertissements aussi, ont changé. Les jeux sur le sable, les antiques petits pâtés réservés jadis aux bambins sont devenus un sport pour grandes personnes. Les concours de forts fleurissent à Pontaillac.

Voyez les sur la plage.

Ils sont neuf, neuf comme les petits chevaux qui tournent au salon à côté. Les organisateurs espéraient arriver à douze, et même en donner treize à la douzaine, mais avec de gros pâtés comme ceux là, on peut se contenter à moins. Quand on a neuf, et qu'on est beau joueur, il n'en faut plus demander, on abat.

L'abattage, au baccarat de la vague, c'est la mer qui s'en charge. L'espoir d'une belle trempée de jupes et de pantalons a rassemblé plus d'un millier de curieux, bien avant que l'armée des travailleurs ait remué la première pelle de sable.

Un starter donne le signal des travaux. Les équipiers forment le cercle. Les pelles s'enfoncent. Le sable, rejeté au centre, s'élève en monticule.

Sera-t-il rond, pointu, large ou étroit? C'est l'affaire du chef d'équipe. Les pelles en sous ordres connaissent la discipline; elles travaillent et se taisent sans murmurer, comme le troupier de **M.** Scribe. Sans murmurer? pas toujours. Les ampoules paraissent cuisantes aux mains mignonnes plus habituées à manier l'éventail et l'ombrelle. Mais personne ne s'arrête pour si peu : on déchire les mouchoirs de batiste, on bande les blessures, et la séance continue.

Le public, je vous assure, ne s'ennuie pas. Le coup d'œil en vaut la peine. D'un bout à l'autre de la plage, les jumelles sortent des étuis. A toute minute, on entend le déclic d'un appareil photographique. Le soleil, qui boude depuis plusieurs jours, ne peut s'empêcher lui-même de sourire. Tout s'anime, les étoffes pimpantes des dames, les chemisettes roses ou bleues des messieurs, les brassards, les cocardes éclatantes. Sur chaque forteresse, les pavillons flottent au vent, — les jupes aussi, vous pouvez m'en croire !

Oh ! la jolie danse de pelles ! Comme ils sont bien, comme ils sont chics ces messieurs et ces dames qui bêchent !... On applaudit, on crie bravo ! On critique aussi, faut-il le dire ? Le concours de bêchage n'est pas confiné dans les forts. Mais on s'inquiète bien des grincheux, des gens bêcheurs... de danser en rond !

Nobles travaux ! Il faudrait pour vous décrire la plume fantaisiste de mon ami Lavigerie, qui va se percer de son épée pour avoir manqué cette grande marée. Lui seul aurait pu peindre l'héroïsme de cette équipe, qui ne trouvant plus rien à mettre dans le sable pour consolider son fort, arrache ses vêtements, — j'entends ses vêtements superflus, — et fait un rempart à la mer avec des jaquettes, des mantilles et des boas — boas de construction, eût dit l'auteur de *Royan au soleil* avec sa douce manie du calembour.

La première vague ne fait mal qu'aux curieux. La bande des pieds humides se réfugie sur la falaise, le terre-plein des cabines, le balcon de la Restauration, et du haut de ces gradins d'un nouveau genre s'apprête à voir le supplice des martyrs.

Il n'est pas long ! A trois heures trente-sept, — soyons toujours précis, — le premier fort s'écroule. C'est le 8 ! Le 9 le suit. L'as fait une belle résistance, mais cède à son tour. Le 7 s'effondre. Voilà les deux ailes empor-tées !

Seul, le centre tient encore. Le 3, le 5, le 2, ont reçu de rudes assauts, mais le 6 et le 4 sont bons. Des paris s'engagent. On acclame la belle défense d'une jeune capitaine qui parle de se faire sauter avec sa citadelle, et qu'il faut arracher à bras d'hommes aux flots envahisseurs.

Bientôt, le dernier fort disparaît dans l'écume. C'est le 4, il est resté debout le plus longtemps. Une gerbe de fleurs annonce sa victoire. La garnison quitte la place avec les honneurs de la guerre, entre deux haies de curieux présentant les cannes.

Finie la gracieuse comédie ! La mer déroule son rideau d'écume, et le soleil commence à descendre derrière Cordouan. Les teintes des villas de la falaise s'effacent dans le gris. Les mantilles couvrent les épaules. C'est l'heure du retour. Dans le Decauville et les breacks pris d'assaut, tout le monde s'envole vers les chalets où brille la lampe du dîner, vers les hôtels dont la cloche tinte à toute volée.

XVIII

SAINT-GEORGES

Le petit village de Saint-Georges, comme ses voisins Meschers, Talmont ou Mortagne, doit sa prospérité à son heureuse situation à l'entrée de la Gironde. Des pêcheurs groupèrent leurs cabanes au bord de cette anse abritée par le promontoire de Vallières. Comme le pays d'alentour était fertile, ils se livraient aux travaux agricoles quand il ventait trop fort ou qu'il faisait grosse mer.

La puissante abbaye de Cluny, qui semait ses fondations dans toute la France, bâtit un prieuré sur cette côte privilégiée. Elle le plaça sous l'invocation de saint Georges, et la bourgade de pêcheurs en prit le nom. Au xiiie siècle, les moines n'étaient pas nombreux. Ils vivaient petitement du produit de la pêche et de la chasse, ne se gênant pas, au besoin, pour braconner dans les bois des seigneurs de Didonne. Le plus clair de leurs ressources était la dîme qu'ils percevaient sur le terroir de Vallières, planté, depuis un temps immémorial, de vignes renommées. Malheureusement cette recette était fort précaire, car les grandes tempêtes d'équinoxe enlevaient parfois la vendange, sans respecter, comme de juste, la part du prieuré.

Dans les dernières années du xvie siècle, voyant son revenu compromis, son église délabrée, les bâtiments claustraux près de tomber en ruines, le prieur de Saint-Georges prit le parti d'aliéner une portion de son temporel. Il céda à un gentilhomme du Médoc, Corberan Dahons, une certaine quantité de terres à l'est du prieuré, à charge de lui payer une rente annuelle et de réparer l'église.

Telle fut l'origine de la seigneurie de Lussinet, qui avait son siège à quelques centaines de pas de l'église actuelle de Saint-Georges, dans ce grand corps de logis occupé par une ferme, où l'on distingue encore un pavillon carré, un toit en poivrière, et un portail qui porte la date de 1766.

Pendant deux siècles, les seigneurs de Lussinet agrandirent leur domaine par des acquisitions ou des échanges avec les prieurs de Saint-Georges et leurs puissants voisins de Didonne. Mais la Révolution leur fut funeste. Elle balaya à la fois la seigneurie et le prieuré.

Eugène Pelletan a raconté comment le maire d'alors, le père Chappe, braconnier incorrigible, enleva au baron de Saint-Légier, seigneur de Didonne, ses titres et ses papiers féodaux. Le récit est à peu de chose près la vérité. Mais le baron était une baronne, — Hector de Saint-Légier étant mort depuis plusieurs années, — et la seigneurie s'appelait Lussinet-Saint-Georges, et non Didonne. Ce qui est tout à fait exact, c'est que le père Chappe emporta les monuments de la tyrannie, comme on disait alors. Il les enferma, avec le papier censif du prieuré, dans un tonneau de goudron, suspendit son trophée au haut d'une perche, et le promena à son de caisse dans l'unique rue du village. Après la procession, il alla planter ces dépouilles opimes au milieu de la conche ; on jeta au pied une charretée d'ajoncs, et le père Chappe alluma de sa main l'auto-dafé de la noblesse et du clergé. La population dansa la carmagnole autour du feu de joie, ainsi qu'il résulte du procès-verbal précieusement conservé à la mairie.

Et voilà comment la terre de Lussinet et le prieuré de Saint-Georges ont disparu de l'histoire. La chapelle du XIIIe siècle, surmontée d'une flèche moderne sans grand style, sert d'église paroissiale. La demeure seigneuriale est rasée. Vers le milieu du XIXe siècle, un marin d'un certain renom, l'amiral Cuvillier, vint s'y reposer de ses croisières, en vue de la mer qu'il avait tant aimée. Il s'y fit construire une maison d'habitation qui ne rappela en rien le vieux logis féodal détruit.

J'aurais voulu parler longuement de ce pays béni, qui abrite sa jolie plage et son port de pilotes entre les bois des dunes et la pointe de Vallières. Mais Michelet y a passé tout un été. Son génie passionné lui a inspiré ce chapitre de *la Mer* que tous les petits enfants du canton devraient savoir par cœur, parce qu'il est leur plus beau titre de gloire.

Depuis 1859 le village a plus que doublé. Des chalets aux toits rouges égayent maintenant les verdures. Chaque jour, le Decauville

amène des flots de promeneurs. Saint-Georges
est devenu la jolie banlieue de Royan. Pourtant
les pages de Michelet sont aussi vivantes qu'au
premier jour. Elles expriment, comme il y a
trente ans, l'essence même du pays.

Relisez-les. Vous n'y trouverez point de
description. Si vous n'êtes jamais venu à
Saint-Georges, elles ne vous le feront point
connaître. Jamais on ne croirait que le grand
écrivain est resté des mois dans ce petit coin
de terre, qu'il y a vécu de la vie des pêcheurs,
qu'il l'a parcouru en tous sens, que les moindres détails lui en sont familiers. On dirait
plutôt une vision, un rêve comme en pouvait
avoir un poète doublé d'un historien : un
rêve vrai. Ecoutez-le. Il vous dira le langage
des hôtes de ce lieu aimable et paisible, depuis
la jeune fille au profil austère jusqu'à l'alouette
de Vallières, qui montait dans l'esprit des
fleurs, dorée du soleil couchant. Il vous dira
le ciel changeant, l'harmonie des rivages
« où les riches vignes du Médoc regardent les
moissons de la Saintonge », les parfums de la
dune, où le thym et le serpolet se mêlent à
l'œillet sauvage et à l'odeur miellée des immortelles. Chants et parfums, air doux, mer céru-
lée, c'est Saint-Georges tel que l'a vu Michelet,

tel que je le revois par le souvenir, les soirs
d'hiver où le vent et la pluie font rage à mes
vitres.

Comme le cœur est meilleur peintre que les
yeux ! Si je voulais décrire Saint-Georges,
j'y chercherais des lignes et de la couleur.
Michelet y voyait la vie. Son panthéisme profond et passionné prêtait la vie aux choses
mortes. Cordouan, gardien des mers, veilleur
constant du détroit, devenait un être humain.
Debout sur le vaste horizon du couchant, il
lui apparaissait sous cent aspects variés. Parfois
dans une zone de gloire, il triomphait sous le
soleil ; parfois pâle et indistinct, il flottait
dans le brouillard et ne disait rien de bon. Au
soir, quand il allumait brusquement sa rouge
lumière et lançait son regard de feu, il semblait
un inspecteur zélé surveillant les eaux, pénétré
et inquiet de sa responsabilité.

Michelet découvrait l'amour dans les affi-
nités cachées des choses. Au climat heureux,
tout humain de Saint-Georges, il se mêle je ne
sais quoi qui fait réfléchir, éloigne de la rêverie
et ramène à la pensée. Pourquoi ? C'est qu'un
grand mystère se passe à ce point solennel, un
mariage, un hymen royal. La dame des eaux
du sud-ouest, l'aimable et souveraine Gironde,

vient s'offrir à son époux gigantesque, le vieil Océan. Mais nulle part il n'est plus dur, plus rébarbatif. Il amoncelle sa fureur contre la pauvre Gironde, il la repousse, elle recule. Elle se cache sous les vignes du Médoc, communiquant à ses vins les qualités sobres et froides qui sont l'esprit de ses eaux.

Je relisais ces pages émues sur la pointe de Vallières, non loin du creux où s'abritait autrefois un ermite. Le ciel était lourd de nuages, de larges raies de lumière tombaient sur les eaux, qu'elles changeaient en miroir d'argent. Pas un souffle dans l'air. Mer et ciel, tout se confondait dans le gris. Seule, une jeune femme en toilette rouge, à peine visible de cette hauteur, se détachait sur les rochers. Cette note brillante égayait la nature endormie, comme ces gouttes de carmin qui suffisent à colorer des nappes d'eau tout entières. Le charme du livre me gagnait. Bercé par cette grande âme d'écrivain, je me laissais aller à la rêverie, les yeux perdus, sans pensée, et le soleil était déjà au ras des flots quand je songeai au retour.

En me levant, je lus sur une muraille ruinée cette inscription : « *Si sal evanuerit quomodo salietur ?* » Si le sel n'existait plus, avec quoi

salerait-on ? — L'imagination du séminariste,
qui avait tracé ces lignes en grosses lettres
maladroites, n'avait songé qu'au sel contenu
dans l'immensité bleue.

XIX

VALLIÈRES ET SUZAC

Les grottes de Vallières sont le triomphe
du bizarre et du tarabiscoté. Il semble que
la mer, après avoir tracé en grande artiste
l'admirable courbe de la Grande-Conche, ait
voulu prouver qu'elle pouvait aussi, à l'occa-
sion, travailler dans le trompe-l'œil et le joli.
Comme ces maniaques qui découpent une
cathédrale dans une bille d'ivoire, elle a fouillé
en tous sens la blanche falaise. Elle a ménagé
des nefs minuscules, des transepts de six pieds
de haut, des arceaux gothiques, des voûtes en
plein cintre, des niches, des piliers, des fenêtres ogivales. Ce dédale de pierres ajourées

met comme une garniture de dentelle à la robe bleue de l'océan. Les petites vagues jaseuses, qui gazouillent entre les rochers, murmurent de l'une à l'autre : « Ouvrage de Dames. »

Pour que l'auteur de la *Mer* aît trouvé à ce lieu un aspect sévère, il fallut qu'il y rencontrât moins d'ombrelles bleues ou roses qu'à présent. Les filles de la côte qui venaient, en chantant, faire leur récolte de varech, pouvaient passer pour des Nausicaa rustiques. Aujourd'hui, à marée basse, chaque infractuosité de roche abrite une grappe de fleurs humaines. Les petits pieds affrontent les roches éboulées ; les jambes fines, retroussées un peu plus haut que de raison, franchissent les flaques d'eau. Les dangers pour rire de cette exploration souterraine font éclater des cris d'oiseaux effarouchés.

Les grottes ne sont pas très vastes. Mais les difficultés du sentier, les surprises de la découverte, les accidents, ou plutôt les incidents de la descente, allongent l'excursion et suffisent à faire attendre patiemment l'heure du bain. D'ailleurs, le charmant écrivain qu'est Xavier de Maistre n'avait pas trop de tout un volume pour un simple *Voyage autour de sa chambre*. Combien d'après-midi la visite des grottes de Vallières demandera-t-elle aux belles éprises de Royan, qui ne veulent pas lui dire adieu sans avoir compté, brin à brin, les aiguilles de ses pins et les cailloux de ses grèves ?

On ne se douterait guère, en voyant Vallières en toilette d'été, que les fureurs de l'océan s'y déchaînent, chaque hiver, d'une si terrible rage. Mais les crevasses s'ajoutent aux crevasses. Les terres s'éboulent. Le sentier de la falaise recule. Les deux roches isolées, que la mer a conservées pour jalonner ses conquêtes, marquent chaque année une nouvelle retraite du littoral.

Le plateau où l'on accède par une route ombreuse, chevauchée à mi-coteau par un pont rustique, était au moyen âge une des contrées les plus riches d'alentour. En 1092, lorsque Hélie de Didonne appela les moines de la Sauve à Royan pour y bâtir le prieuré de Saint-Nicolas, il leur fit don de dix quartiers de vigne à Vallières. Au xiiie siècle le prieuré de Saint-Georges levait une dîme importante sur les tenanciers du fief. Mais les ravages de la mer se firent cruellement sentir. Dans une visite qui eut lieu au xvie siècle, le vignoble était déjà diminué de « moitié ». Cent ans plus tard, presque tous les propriétaires avaient renoncé à cultiver les vignes sur ces « roches de la mer ».

Sans remonter si loin dans l'histoire, ceux qui venaient jouer tout enfants sur ce promontoire déchiqueté ne retrouvent plus les rochers qui hantèrent si souvent leurs rêves. La vague a effacé depuis longtemps la trace de leurs pas. Ils se sentent dépaysés sur ce coin de terre que la vague a bouleversé de fond en comble. Seule l'alouette qui fait son nid dans le sillon reconnaît ces vieilles pierres, ces roches couvertes d'écume, ces crevasses éboulées. Chaque printemps elle revient à sa lande embaumée. Quand, au soleil couchant, son vol monte dans l'esprit des fleurs, elle chante comme au temps où Michelet l'écoutait et traduisait son langage en paroles inoubliables.

Si la mer, sur son promontoire de Vallières, joue à démolir des pans de rochers, le vent, dans son domaine de Suzac, abat la tête des arbres comme un promeneur désœuvré fauche, en passant, les chardons de la dune. Mais la petite colonie d'yeuses, qui vivote là de père en fils, sait le moyen de résister à ses fantaisies meurtrières. Elle a trouvé un ordre de bataille admirable. Arcboutés dans le roc, les premiers rangs ne dépassent pas la saillie d'un tireur couché. En arrière, la seconde ligne s'échelonne à la hauteur d'un homme à genoux. Puis, peu à peu, levant la tête, les dernières rangées se dressent de toute leur taille, et vont rejoindre la cime des pins, qu'elles abritent d'un bouclier impénétrable. De loin, quand on découvre les chênes de Suzac, on croirait voir un talus gazonné ; de près, on jurerait un massif taillé, pour un parc, par le ciseau d'un jardinier.

Terrible jardinier, on peut le dire ! Si le vent sème parfois sur ce plateau des graines de garou, de ciste et d'arbousier que le soleil y fait éclore comme sur les côtes de Ligurie ou de Gibraltar, son caprice détruit plus qu'il ne plante. Les troncs tordus, crispés, témoignent, dans ce jardin des supplices, de ses amusements cruels. Pour son œuvre de destruction, il combine ses coups avec la mer : il frappe à la tête, tandis qu'elle fonce en plein corps sur les rochers.

En cette journée d'automne, sa rage est apaisée. Tout est calme, l'air et les flots. Sous le ciel sans nuages, la mer a revêtu une admirable robe bleue, qui passe par toutes les demi-teintes de la palette la plus subtile, miroite sous le soleil, s'irrise d'or et d'argent, si infiniment variée que le vocabulaire d'un essayeur de pierres précieuses s'y épuiserait. Au milieu de cette transparence de saphir, de cet éclat de lazulite, de cette opacité de turquoise, les courants dessinent de minces veines d'azur pâle, où la vie circule, ardente, inépuisable, faisant battre, de la Garonne à l'Atlantique, le pouls mystérieux des marées.

Le sentier sous les yeuses est aimable et paisible. Il console de la destruction de celui du Bureau, hérissé maintenant de ronces en fil de fer, de maçonneries, de clôtures, dépouillé de ses plus beaux arbres par la bâtisse envahissante. Il reste, entre son vieux fort et un domaine privé qui en protège l'entrée, ignoré de la foule des trains de plaisir. Le promeneur solitaire peut y venir songer sans craindre la surprise d'un piano et la rencontre instantanée d'un photographe. La nature reste en harmonie avec son joli nom de fille des champs : Suzac... Suzon.

Jadis, l'endroit porta, peut-être, un autre nom. Les archéologues y placent une villa Gallo-Romaine qu'ils appellent *Cana*, comme la ville de Galilée. Sans doute, ils se sont laissé influencer par le voisinage des vignes qui suspendent leurs grappes au-dessus des flots, renouvelant avec l'écume des vagues le miracle de l'eau changée en vin. N'a-t-on pas écrit, je ne sais où, que Didonne venait de Didon, et qu'un vaisseau d'Enée, poussé par la tempête, avait amené les premiers colons sur la côte ?

La vérité est que sous les bastions du fort de Suzac dorment des ruines imposantes. En 1814, lorsqu'on travaillait à l'établissement des batteries, on découvrit des briques, des tuiles à rebord, des fragments d'édifices, des creusets d'orfèvre. Trente ans plus tard, un amateur de pétrifications, Adrien Broutet, — celui que Pelletan appelle Broutet-Caillou, — passait par là, marteau en main. Dans la nuit, un pan de rocher, détaché de la masse, avait mis à jour une chambre à cheminée. Il recueillit des morceaux de marbre, des fragments de mosaïque, une pièce d'or, des médailles de bronze. Le récit de sa découverte partit pour l'Académie de Bordeaux sur la *Ville de Royan*, le premier bateau à vapeur qui ait amené, en 1843, des baigneurs à Royan.

Vestige du *Pagus Noverus* d'Ausone ou de la *Villa Cana*, le site ne pouvait être mieux

choisi pour une résidence d'été. On aime à
se représenter quelque proconsul bordelais,
accoudé sur sa terrasse au-dessus du fleuve,
dans ce décor éternellement jeune et souriant.
Les mêmes yeuses alors ombrageaient la falaise, les mêmes oiseaux y faisaient leurs nids.
Les barques qui montaient et descendaient
l'estuaire, ne différaient de celles de maintenant que par la forme d'une voile ou d'une
figure sculptée sur la proue.

Sans être un port de pêche, Suzac possède
un phare, mais il s'élève en pleine forêt, à
mille mètres pour le moins du littoral. Cette
situation, qui conviendrait admirablement à un
nid d'amoureux, paraît paradoxale quand il
s'agit d'un fanal, exposé d'ordinaire aux brisants et à l'écume des vagues. Les chasseurs
et les touristes l'ont surnommé « le phare aux
lapins », comme si l'administration des Ponts
et Chaussées avait jamais construit d'aussi
belles lanternes pour faciliter à maître Jeannot
l'entrée de son terrier. Messieurs les ingénieurs
ne sont pas coutumiers d'aussi plaisantes mysti-
fications. S'ils ont allumé le phare de Suzac
sur ces dunes boisées, en pleine patrie des
chats-huants et des renards, c'est qu'ils ont

pensé que les navires en profiteraient aussi quelquefois.

De loin, dans sa ceinture de pins, le petit édifice se donne des airs de villa. Le feu brûle au premier étage, dans une chambre vitrée qui fait songer à un atelier de peintre. C'est une économie de maçonnerie et de marches à monter. Le sentier à flanc de dune, il est vrai, offre une ascension suffisamment pénible pour ceux qui n'aiment pas à s'enfoncer dans le sable jusqu'aux chevilles. Mais la nature, toujours prévoyante, a cantonné sur ces pentes brûlantes des légions de taons. Mieux que la mouche du coche, ces aimables insectes prennent soin d'activer l'allure des voyageurs.

Quand on arrive au phare, son aspect rustique le recommande aux yeux. Un jardinet soigneusement entretenu étale la variété des plantes potagères. Des treilles chargées de raisins enguirlandent la façade. Des allées sablées et ratissées attestent les goûts champêtres du maître de logis.

Celui d'à présent est un vieux marin, ancien gardien de la Coubre, puis du phare de Malakoff d'où l'ouragan lui donna congé en renversant, comme un château de cartes, la bizarre tour en bois. Epinglés au mur, des certificats rappellent ses actes de sauvetage. Maintenant ce vétéran de la mer bêche ses choux, taille ses poiriers, arrose ses fleurs. A part certain éclair de l'œil, que les marins habitués à sonder l'horizon emportent avec eux jusque dans la tombe, on pourrait le prendre pour un bon fermier. Les abeilles elles-mêmes s'y trompent. Elles ont élu domicile sous le vitrage même du fanal, s'imaginant qu'on allait leur faire cadeau de cette grande ruche de verre.

Du terre-plein du phare la vue s'étend sur toute la forêt. La plage de Saint-Georges, humble sœur de la Grande-Conche, déroule aux pieds des pins son tapis de sable fin. Au-delà, c'est Royan, puis Pontaillac, Saint-Palais, et le ruban moiré de la Grande-Côte. Mais l'admirable perspective est menacée. Chaque année les défrichements font un nouvel accroc à la robe verte des pins. On plante des vignes. Le phare lui-même va céder la place à un modèle nouveau. Bientôt aura vécu la maisonnette dans les bois, si bien cachée qu'on est tenté de grimper aux arbres pour la découvrir comme fit naguère Petit Poucet quand il aperçut la lumière de l'Ogre.

XX

LA CORNICHE ROYANAISE

Sous Louis-Philippe, alors que Royan n'était
encore qu'une bourgade inconnue, dernière
halte du soleil couchant au sud-ouest du
royaume, deux dames, deux amies, débarquè-
rent par le vapeur de Bordeaux. L'une d'elles,
Mme Emma Ferrand de Beaujouan, appartenait
à une vieille lignée aristocratique et possédait
quelque teinture de lettres; l'autre, Mme Cha-
bouillé Saint-Phal, née Lebeau, se contentait
d'admirer son amie.

Avec ses maisons basses, mal éclairées par
d'étroites fenêtres à petits carreaux, sa plage
dénudée et plate, son port vaseux où quelques

11

barques de pilotes, couchées sur le flanc,
attendaient tristement la marée, la ville leur
parut un séjour peu enviable. Mais, comme
nulle part elles n'avaient vu la mer plus bleue,
les arbres plus verdoyants, le ciel plus doux,
elles résolurent de chercher sur la côte un
abri à leur convenance. Elles le trouvèrent à
Bernezac, tout près de la jolie conche de Nauzan.

Bernezac était, comme aujourd'hui, un
hameau de quelques maisons semées dans les
terres, entre le petit village de Vaux et la mer.
L'aspect n'a rien d'engageant. Mais de cette
hauteur, la vue s'étend sur tout le pays. En
face le clocher de Saint-Palais en deuil de
milliers de naufrages, émerge de son bois de
chênes. Plus bas, s'étend une vallée ver-
doyante, coupée de ruisseaux et de canaux
qui traversent de frais jardins maraîchers, de
grasses prairies où paissent des vaches et des
chèvres. Au sommet des coteaux les moulins
agitent leurs ailes. Sur les flots, par-dessus le
dôme des arbres, d'autres ailes s'enflent au
vent, emportant par delà les passes les grands
voiliers longs courriers.

Les deux amies s'installèrent, pour une
saison, dans la ferme la plus voisine. Elles
s'y trouvèrent si bien qu'elles firent bâtir un

chalet où elles demeurèrent jusqu'à leur mort, arrivée trente-cinq ans plus tard.

Il paraît bien modeste aujourd'hui, ce berceau de la villégiature royanaise. Au milieu des villas ambiantes, coiffées de prétentieuses toitures en tuiles rouges, flanquées de tourelles, d'ailes ajourées, de vérandas, la paisible retraite n'attire guère les yeux. Parfois quelque curieux, intrigué par les récits des anciens qui n'ont pas oublié les promenades à cheval des deux amies, dirige sa promenade vers le sentier bordé de senelles mûres conduisant au simple cottage.

Au coin d'une pelouse, un belvédère en ruines, à demi caché sous les ronces, arrête ses regards. Il s'avance, et sur une pierre déjà effritée par le temps, il lit ce nom : ZINGAO.

Zingao ! quel être mystérieux repose sous ce cairn abandonné ? Quel étrange disparu reçut pour tombeau cette pyramide de pierre ? L'esprit s'inquiète, et cherche quel sombre roman est venu écrire son dénouement sur cette côte battue par les tempêtes...

Malheureusement pour la légende, l'histoire est beaucoup plus simple. Afin d'éviter aux épigraphistes de l'avenir de périlleuses divagations, je préfère leur avouer que Zingao était le chat favori des deux Robinsonnes de Nauzan, un chat gris sans âge, tout pelé et privé d'une oreille. Ses maîtresses le trouvèrent un matin sous un cèdre où il s'était traîné pour mourir. Par un touchant ridicule elles élevèrent ce rustique monument au vieux solitaire.

Ce chat était sans doute le génie familier du lieu. Lui parti, la mort s'acharna sur Bernezac. Mme Saint-Phal quitta la première la petite oasis, quelques années avant la guerre. Mme Ferrand la suivit de près. Maintenant les deux amies dorment dans le même caveau du cimetière de Saint-Palais. Ce calme champ de repos au pied d'une chapelle romane à moitié ruinée, ce sommeil éternel au-dessus d'un village enseveli sous les sables, répond bien à l'idée que nous nous faisons de ces deux âmes poétiques, éprises de solitude, dont le souvenir ému flotte encore sur la plage des « Deux amies ».

Le lieu, d'ailleurs, est paisible et discret.

L'antique clocher de Saint-Palais émerge à peine de l'épais rideau de chênes qui l'enveloppe. Encore quelques années, et les cîmes verdoyantes se seront refermées sur l'impassible guetteur. Les marins qui croisent au large n'apercevront plus sa silhouette blanche sur les nuages du ciel. Pour la seconde fois la nature aura enfoui dans son sein l'humble sanctuaire.

Ce nouveau caprice ne ressemble guère au jeu cruel de l'ensablement qui a englouti le village, et qui aurait certainement fait subir le même sort à l'église, si Brémontier n'était venu combattre le fléau avec ses propres armes, et arrêter la marche des dunes par des plantations de pins. Mais le mal est fait. Saint-Palais n'existe plus que sur la carte. Le siège de la commune se trouve à Courlay. La population est répartie à Bernezac, à Maine-Jolet, dans de petits hameaux à quelques portées de fusil les uns des autres. La chapelle reste seule, à peine débarrassée de sa gangue de sable. Elle garde les morts que la piété publique continue à conduire dans son cimetière rustique.

Jadis, il y eut là une paroisse importante. Elle existait bien avant le XIVe siècle, quand Yolande de Pons, dame de Royan, la comprit dans son testament pour une pieuse fondation. La puissante abbaye de Saint-Maixent y possédait des domaines. Une vaste futaie, dont le bois du Defès est le dernier vestige, couvrait toute la côte. Mais l'imprévoyance des habitants compromit la prospérité du pays. En dépit des ordonnances qui réglementaient les coupes, le déboisement prit des proportions désastreuses. Les sables n'étant plus retenus par la forêt littorale envahirent les terres. Rien ne put arrêter leur marche. Les Palaisiens furent contraints de fuir. Ils désertèrent leur village qui disparut sous le sol mouvant.

Il y avait bien des chances, malgré les travaux de reboisement qui, à partir de 1828, fixèrent la dune, pour que Saint-Palais restât à jamais un point sur la carte et n'eût plus qu'une existence légale. Mais Royan, malgré le développement de ses plages, se sentait à l'étroit. Déjà il avait allongé le bras jusqu'à Pontaillac, peuplant la falaise d'aristocratiques demeures, pour ceux qui aiment mener, un peu à l'écart, la vie de château. Mais la nouvelle colonie avait prospéré avec une rapidité qui avait déjoué tous les calculs. Bientôt elle s'était trouvée reliée à la métropole par une suite à peu près ininterrompue de chalets. Ce n'était plus l'isolement, ce n'était même plus la banlieue : c'était Royan. Il fallait chercher plus loin.

Deux plages jumelles arrondissaient leurs conches de sable fin entre des rochers couronnés de chênes verts : Nauzan et le Bureau.

Le caprice des baigneurs choisit le Bureau, et quelques villas se posèrent comme des nids de goëlands sur le plateau. D'autres suivirent. La mode s'en mêla. Le Decauville étant venu mettre la nouvelle plage à vingt minutes de Royan, une véritable station balnéaire surgit des bois. A deux pas de l'ancien village, sur la côte déserte où s'élevait jadis le « bureau » des douanes, sourit maintenant la plus jeune et la plus jolie des colonies royanaises.

La fantaisie seule a présidé à sa naissance. Chacun a choisi sa place, comme dans ces villes du Nouveau Monde qui sortent de terre par enchantement. D'une année à l'autre, l'endroit est méconnaissable. On vient d'y installer un marché couvert. Les Palaisiens ont-ils voulu prouver que dans leur station on ne meurt pas de faim ?

Aussitôt l'unique avenue traversée, avec ses chalets multicolores qui la font ressembler à un village suisse de touristes, on entre dans les champs. Puis, à un détour, brusquement, sans transition, la mer se montre à travers les chênes verts. L'effet est magique. Il semble qu'on voit l'océan pour la première fois. La sombre verdure des yeuses, presque noire dans l'intensité de la lumière ambiante, donne une telle vivacité de coloration aux lointains qu'on ne reconnaît plus cette mer, ce ciel que l'on vient de quitter cent pas plus loin. Ils paraissent venir d'un autre pays, des bois d'oliviers de Nice ou des côtes enchantées de Ligurie. Les pointes de Vallières et de Suzac se teintent de roses inconnus, la côte du Verdon passe par tous les tons des gris bleutés, le peuple des barques aux voiles blanches sillonne les flots. Au-dessus des arbres, des couples d'éperviers tournoient en guettant leur proie. C'est exquis.

La première fois que je m'aventurai sur ce sentier en corniche, je ne pouvais me lasser de ce spectacle. Je trouvais que là-bas, à Pontaillac, sur la plage fashionable, la mer, en se montrant si belle, ne faisait que son devoir ; mais je lui savais un gré infini d'étaler pour moi tant de charmes dans cette quasi-solitude.

Le soir, il fallut regagner Royan. Je suivis la route des rochers et je pus voir quelle majesté infinie prend la mer, de cette hauteur. Je ne crois pas que personne puisse résister à une telle émotion. A cette heure douce, qui n'est plus le jour et n'est pas encore la nuit, le ciel devient d'une transparence incroyable, tandis que les ténèbres semblent monter des eaux. Tout à coup, presque en même temps, les étoiles au ciel, les phares au ras de l'eau, s'allument, et, à nos pieds comme sur nos têtes, leurs constellations s'unissent pour entourer d'une ceinture de feu Cordouan, la plus belle planète sortie de la main des hommes.

XXI

BELLEVUE

Depuis que la vapeur et l'électricité se donnent la main pour rapprocher les distances, les sites légendaires perdent le vague effroi que leur donnaient l'éloignement et les difficultés du voyage. Hier, c'était Saint-Georges et la grève de Michelet. Aujourd'hui c'est la Grande-Côte, la plage sans limites, qui se voit envahie par la foule bruyante du dimanche.

Le moyen de songer aux naufrages, à l'effroyable dévoreuse de navires, en face de rochers semés d'ombrelles roses, de toilettes incomparables de fraîcheur ? Le roulement du tram a fait envoler les fantômes. Les vieux pins, les creux de rochers qui murmuraient à la marée montante : *il était une fois...* ont tû leur voix chevrotante. Les âmes damnées des pilleurs d'épaves ont regagné leur ténébreux séjour, à l'approche de ces wagonnets capables de leur amener le sar Péladan ou mademoiselle Couesdon.

En revanche, auberges et restaurants ont surgi comme par miracle. A chaque station, une enseigne, empruntée à la topographie locale, engage à boire ou à manger. Les chalets essaiment le plateau comme si on avait secoué quelque gigantesque boîte à joujoux de Nuremberg. Véritable changement à vue, opéré au coup de sifflet du Decauville.

Oh ! la brave petite machine ! Je l'aime, ce minuscule chemin de fer ; je l'aime, malgré mes rêves détruits, pour le confortable qu'il prête à ma paresse, pour les innombrables ennuis de la route qu'il supprime, pour l'admirable voyage de poète qu'il réalise.

« Spectacle dans un fauteuil », aurait dit Théophile Gautier. Et quel spectacle !

Tour à tour la course rapide sur la falaise, au-dessus de Pontaillac et des dernières villas, l'entrée sous bois dans les fourrés du Defès,

avec des échappées de bleu du côté de la mer, des
clochers rustiques du côté des terres. Comme
un serpent, le tram ondule. Il s'enfonce en sifflant
sous les feuilles. Son allure tourne à la chasse
à courre, au *rallye-paper* à la vapeur. Les contrôleurs tracent la piste avec les morceaux de
tickets multicolores qu'ils écornent au vent.

Bientôt les voiturettes disparaissent entre
deux murailles de sable, couronnées de pins
et de fougères, ancêtres de la création. Tout
à coup, comme par enchantement, elles roulent sur la plage de Nauzan, à deux pas de
la vague. Voici le pont jeté sur la crevasse,
refuge des belettes et des oiseaux de proie. Des
bois encore, des pins, des chênes verts, puis les
toits rouges des chalets, la conche ensoleillée
entre deux rangées de villas, les cabarets rustiques, Guignol en plein vent. C'est le Bureau,
c'est Saint-Palais.

Maintenant les stations deviennent plus rares,
la vitesse augmente. Des phares surgissent à
l'orée des bois : Terre-Nègre, minaret mélancolique, noir et blanc ; le phare de la Falaise, avec
des prétentions au belvédère. Puis des chalets et
encore des auberges, un pavillon tricolore sur
une pointe de rochers : le puits de Lauture,
Bellevue. Nous sommes arrivés.

A cette heure du jour, où le soleil décline, la terre semble finir avec la ligne ferrée. Isolé sur son plateau, le restaurant se dresse comme au sommet d'une montagne. Sa silhouette, voisine de la lisière des pins presqu'aussi sombres que les sapins des monts, ressemble étrangement aux hôtelleries des Alpes. Malgré soi, on pense à ces chalets tout à coup découverts après la montée, sous les arbres, entre les roches moussues. On cherche la terrasse penchée sur l'abîme, en face des pics neigeux où l'on sent passer le vent des cîmes, à peine plus fort que le souffle de l'océan.

Ici, les points de repère manquent pour apprécier les distances. Un maigre bouquet d'immortelles à l'arète d'une falaise ; le dos craquelé des rochers à quelques pieds plus bas ; une frange d'écume, puis la vague : — le proche et le lointain, le visible et l'invisible, le fini et l'infini, se fondent par des nuances insensibles, par d'imperceptibles gradations de bleu, jusqu'à l'horizon plus intense dans la transparence du soir.

Dans ce restaurant de Bellevue, où les hautes salles fleuraient bon le bois verni, — avant que l'incendie n'en dispersât jusqu'aux cendres, —

le hasard avait réuni toute une société d'amis. Des maris avaient amené leurs femmes et les amis de leurs femmes, des jeunes gens leurs fiancées, des jeunes filles leurs flirts. Le dîner s'achevait. On se trouvait à cet instant exquis si prosaïquement appelé « entre chien et loup ». La mélancolie de l'heure gagnant les plus indifférents, le langage des yeux remplaçait les paroles oiseuses. Seuls, deux ou trois célibataires, venus philosophiquement pour la promenade et le dîner, soutenaient tant bien que mal la conversation et tenaient tête aux maris qui buvaient des liqueurs.

Tout à coup les raies du couchant entrèrent à la fois par toutes les baies. Ce fut un éblouissement. Les femmes se précipitèrent vers la mer comme une volée d'oiseaux, se pressant, se poussant, luttant à qui prendrait place à la fenêtre ouverte. La lumière, en jouant dans leurs cheveux, leur mit au front des nimbes d'or. De leurs poitrines, un cri d'admiration jaillit.

Une voix récita :

Au déclin sur la mer, à trois ou quatre lieues
Des côtes, le soleil derrière Cordouan
Tombe... et comme à regret, dans les flots s'échouant,
Jette son feu de pourpre au miroir des eaux bleues.

La mer montait vers le ciel. Les flots calmés ridaient à peine la nappe paisible étalée, à perte de vue, comme un lit d'azur pour la nuit. Une vague, une seule, brisait sur la plage. Son roulement cadencé, s'arrêtant et reprenant à intervalles réguliers, semblait mesurer le temps dans cette nature déserte et silencieuse.

— Le ciel n'a pas un nuage, fit quelqu'un qui avait lu Jules Verne. L'instant est favorable pour voir le rayon vert. Fixons le soleil quand il va descendre à l'horizon. Au moment précis où le bord supérieur de son disque disparaîtra dans l'eau, cette teinte rouge, qui vous fait resplendir, mesdames, comme des Titien, deviendra verte, d'un vert idéal, inimitable. Une seconde, moins encore, un éclair, vos yeux connaîtront l'éblouissante lueur smaragdine.

— Phénomène de physique amusante, répondit-on. Allez-vous nous apprendre qu'en regardant fixement le soleil, ne serait-ce qu'un instant, et en détournant ensuite les yeux, on croit apercevoir une tache verte? La rétine, trop fortement impressionnée par la lumière, en conserve l'empreinte.

— N'est-ce pas plus simplement l'eau de mer qui colore le rayon radieux? Regardez là-bas l'océan. Où trouver plus belle lentille verte pour réfracter la dernière flèche d'Apollon ?

— J'ignore les raisons des savants, reprit l'homme au rayon vert, mais ce que je puis vous assurer, — je l'appris en Ecosse au pays des légendes, — c'est que ce mystérieux éclair possède la vertu de dessiller les yeux. Rayon magique, il détruit l'illusion : il fait deviner le mensonge. Celui qui l'a aperçu, ne serait-ce qu'une seule fois, voit clair désormais dans son cœur et dans celui des autres.

Ceci fut dit avec un sérieux parfait. Une voyante, expliquant l'avenir, n'aurait rien trouvé à reprendre au ton de ces étranges paroles. Personne ne protesta. Seule, une jeune fille eut un rire perlé; mais elle s'arrêta au premier éclat, et les larmes lui vinrent aux yeux.

Pouvoir magique des fables ! Mystérieux génie de l'inconnu ! Danger imaginaire auquel on croit, tout en n'y croyant pas ! A une autre heure, dans un salon, pas une des femmes qui se trouvaient là n'aurait répondu autrement que par une moquerie à cette incantation du rayon vert. Ici, dans le silence, à la tombée du jour, une angoisse tortura les plus braves.

Les hommes eux-mêmes eurent peur de cette omniscience du cœur qui allait peut-être les saisir. Ils tremblèrent de savoir. Jeunes et vieux, femmes et jeunes filles, toutes et tous qui vivaient d'illusion, qui trompaient ou que l'on trompait, frémirent de voir s'évanouir le mensonge secourable, le mensonge bienfaisant, le mensonge divin.

Cependant pas un ne recula. Pas un ne quitta des yeux ce soleil dont le disque s'écornait déjà de plus d'un tiers. Ils avaient la certitude que c'en était fait de leur bonheur passager, que dans quelques secondes l'implacable lumière allait faire crouler le fragile édifice de leur félicité. Et ils restaient là, à cette fenêtre, fascinés, hypnotisés, angoissés, attendant la lueur mortelle.

Pendant ce temps, au ras de terre, cachée par les rochers, une petite barque traînait son filet. Au moment où le disque de feu allait s'abîmer dans les flots, un souffle de brise passa, ridant la mer, gonflant les voiles. La barque s'élança. Quand jaillit le rayon vert, la blanche toile, comme un écran, voila le soleil.

Personne, ce soir-là, ne vit l'éclair de sinople.

XXII

LA COTE SAUVAGE

Des pins de toute taille, de toute grosseur, innombrables et grêles colonnades d'un cloître de verdure sans fin. Sur le sol rougi par leurs lamelles, — d'un rouge brique de carrelage pauvre, — pas une herbe ne pousse. Seules quelques maigres touffes d'immortelles, les moins fleurs des fleurs, exhalent leur parfum d'encens sous ces voûtes plongées dans un religieux silence. Où sont les oiseaux? Parfois un cri de geai stride au loin, quelques lapins traversent la route. Puis, pendant des lieues, la voie s'allonge en ligne indéfiniment droite, sans autre bruit que le bourdonnement de machine à battre du tramway forestier.

Dans la monotonie immuable de ces dunes boisées, le véhicule seul a changé. Le petit char de bois massif, qui partait de la Combe-à-Massé, avec l'agréable suspension d'une pièce d'artillerie, a fait place à un wagonnet couvert, où, par de larges baies on respire à pleins poumons, sans risquer l'averse plutôt pénible. La voie commence à quelques mètres de l'arrêt de Bellevue : on descend du tramway à vapeur pour monter dans le tramway à cheval.

Dès le départ, les pins dressent leurs troncs brunâtres. Pendant des heures, les yeux sont fatigués par cette procession de mâts qui, tantôt pressés, tantôt espacés, défilent de chaque côté de la route, dans un parallélisme désespérant. C'est une obsession égale à l'interminable succession des poteaux télégraphiques aux portières d'un express. Les yeux se ferment pour ne pas voir, tandis que les narines dilatées baignent dans cette odeur incomparable de résine, fortifiante comme un élixir de longue vie.

Parfois la forêt s'abaisse brusquement. Par dessus les pousses tendres des semis, la dune montre un coin de sa nudité rose, étalée en plein soleil. Un éclair ! La robe verte retombe et l'on replonge dans un demi-jour de sous-bois. Des clairières abritent des maisons forestières. Ça et là, une cabane isolée, une misérable hutte : « La hutte pour la vie », s'écrie Louis Lavigerie, qui a la monomanie de l'à-peu-près.

Enfin le ciel s'ouvre. Voici la dune, noire, sauvage, superbe. Le long de la voie, le marais de Bréjat s'endort dans sa couche de hautes herbes, où le bruit du tram fait envoler des bergeronnettes et des tit-tits.

Au printemps 1897, la mer a emporté la digue. La terrible côte que les marins appellent ici « Bonne Anse », comme autrefois les anciens nommaient les Furies « bonnes déesses », a livré passage aux vagues, malgré tous les travaux de défense. Sables, tamaris, blocs de pierre, tout a été emporté : l'océan furieux s'est épandu dans les marais. Aujourd'hui, la bataille recommence. Toute une armée de pieux, enfoncés en quinconce, témoigne de nouveaux efforts pour résister à l'assaut des lames.

Une dernière traversée de pinèdes. L'aspect du bois devient plus frais. Des peupliers, des aulnes, des vergnes indiquent la présence du Barachois, minuscule canal, enfoui sous des touffes de menthe et de roseaux. Un chemin

à gauche, à l'arrêt du tramway : c'est la route
du phare, une demi-lieue à faire à pied.

Au milieu des dunes, le phare de la Coubre
donne une impression indicible de tristesse
et d'isolement. Ces grèves immenses, rava-
gées par l'âpre vent du large comme par un
incendie, sont plus mortes cent fois que les
flots qui battent le pied de Cordouan. C'est
presque un froid de nécropole qui saisit à
l'entrée du phare, au seuil des marches de
granit.

Bientôt la montée commence avec les interminables marches dans l'escalier en pas de vis,
le travail de roquet dans une roue de rôtisseur,
l'automatique lèvement de jambes qui met des
bourdonnements dans la tête, des douleurs
aigües dans toutes les articulations. Puis les
explications des gardiens, la signature au
registre, les recommandations « de ne pas toucher », les puérilités à l'instar d'une visite aux
caveaux du Panthéon ou aux Diamants de la
Couronne. Et tout à coup le sommet, cinq
minutes d'éblouissement, d'affolement, d'angoisse qui paient de toute peine, de toute fati-
gue : un bain d'espace, d'air, de lumière,
au-dessus de l'océan sans limites.

Quand on a rejoint la voie ferrée, une petite lieue sépare de la Bouverie et de la Patte-d'Oie, disparate massif de végétaux hétérogènes, épaves d'essais successifs d'acclimatation. Au-dessus, on escalade la dune par un de ces sentiers étroits appelés « garde-feu », qui, coupant la forêt comme les fentes d'un gâteau, limitent les terribles ravages de l'incendie. Faible protection, quand le vent souffle en tempête et que le fléau ravageur dévore des lieues entières de bois ; plus mauvais garde-feu surtout, quand un soleil de midi s'épand en nappe de plomb fondu, et qu'à chaque pas on s'enlise dans un sable mouvant, à l'ombre de pins aussi maigres que les balais de sorcières du Walpurgis.

Cette douloureuse ascension s'oublie en face de l'inattendu du spectacle. La dune a disparu. D'énormes collines boisées, presque des montagnes, s'étagent en cirque à tous les points de l'horizon. Les croupes gigantesques, détachées par de puissants effets d'ombre et de lumière, semblent cacher des gorges et des ravins mystérieux. C'est un paysage de montagne, âpre et sauvage comme un coin des Pyrénées.

La sévérité du décor fait présager le grand spectacle d'à-côté. La forêt, c'est le manteau de la Côte Sauvage, de la terrible mangeuse d'hommes qui, par ces jours d'août radieux, vient jouer sur le sable en vagues aimables et jaseuses. Mais l'endroit conserve quelque chose de sévère, même sous l'aspect riant qu'il semble revêtir pour ses visiteurs d'été.

Le nom seul eût fait rêver Balzac. Il eût deviné la légende cachée sous le titre de Pointe Espagnole. Des contrebandiers, jetés par la tempête sur cette côte désolée, avaient fondé un village de huttes misérables, et, comme les féroces bretons, attiraient sur ce tombeau de sables mouvants le navire égaré par la tempête.

Depuis longtemps les ravageurs ne promènent plus, pendant les nuits d'hiver, la vache entravée avec un falot aux cornes. Le sinistre leurre n'appelle plus la barque en péril, qui croyait voir flotter ce feu au gré des flots.

Ces ravageurs eux-mêmes ont-ils jamais existé? Le nom de Pointe Espagnole, pris de quelque galiote échouée au retour des Indes, n'a-t-il pas suffi à donner naissance à la légende? Mais qu'importe! les gouffres de Maumusson sont toujours là. Terribles naufrageurs, ils guettent jour et nuit le navire égaré, confondant dans la même catastrophe le vaisseau inconnu revenant des Indes, et la barque de pêche de la côte, qui partage insouciante leurs jeux de monstres.

Cette plage démesurée donne une impression de désert. Du sable à perte de vue, sans un rocher, sans une touffe d'herbe. Le chardon bleu, cet enfant perdu de la végétation qui s'avance à Nauzan, au Bureau, à Vallières jusqu'au bord de la vague, n'ose quitter l'abri protecteur de la dune, où ses touffes épineuses se mêlent à l'immortelle et à l'œillet sauvage. Les algues même, — fucus ou varechs, — fuient cette grève inhospitalière. Les rafales de l'ouragan, l'assaut furieux des vagues n'y laissent que de la poussière ou des épaves.

Je me trompe. Sur la plage, à deux pas des brisants, de frêles coquilles, teintées de rose, de pourpre ou d'orange, entr'ouvrent leurs valves comme des ailes de coccinelles. Tout autour, c'est un amoncellement de débris. La mer a roulé pêle-mêle des galets pulvérisés, des planches arrachées à la carcasse d'un navire, des troncs d'arbres déchiquetés : elle a respecté les minuscules coquillages. Leur fragile enveloppe, qu'un souffle de vent fait trembler, n'a pas la moindre égratignure. Ils égayent le sable mouillé de leurs nuances de chair et de sang, si vives qu'on les dirait faites des larmes du soleil couchant.

Larmes de regret, j'imagine, car l'astre roi, sur cette côte à la fin des terres, semble ne pouvoir se résoudre au départ. Là-bas, derrière la pointe découpée en ombre chinoise, il prolonge son adieu au vieux monde. Il s'attarde à jouer avec des nuages. Il folâtre en compagnie des petites vagues sur la crête des flots. Puis, tout à coup, de grandes raies de lumière zèbrent l'azur comme les rayons d'une gigantesque auréole. Une tache rouge saigne à l'occident, des flammes jaillissent des dunes, les nuages rougeoient comme les fumées d'une fournaise, un torrent de lave ruisselle sur la mer. C'est l'éruption d'un volcan entre le bleu des flots et le bleu du ciel.

Spectable sublime ! Spectacle grotesque ! L'émotion vous étreint jusqu'à la souffrance. L'instant d'après le rire vous prend devant ces flammes et ce sang qui hurlent sur le bleu perruquier du ciel, auréolé de flèches d'or, constellé de petites étoiles, au goût d'une imagerie religieuse de Saint-Sulpice.

C'est la fin.

La toile tombe sur l'éternelle tragédie de la mort du soleil. Le vent glacé congédie les spectateurs. Rentrons. L'auberge des Mathes est proche, derrière le cordon des dunes. C'est un rendez-vous de chasseurs, perdu dans la forêt. Des boucholeurs de La Tremblade cuisent leur repas en plein air, à côté d'un char-à-bancs. Des pêcheurs apprêtent leur senne. Un gros chien roux sommeille sur le sable, pendant qu'une troupe de pintades criardes cherche un gîte sur l'acacia voisin. La nuit est venue. C'est l'heure du retour.

La route blanche file toute droite à travers les massifs sombres de la forêt d'Arvert. On baigne dans une atmosphère étrange, saturée de senteurs, froide sur les hauteurs, traversée dans les fonds par des courants chauds, amolissants, ouatés comme de la vapeur d'eau. Parfois on découvre des clairières inondées de lumière, des taillis, des coins de dune. Puis on continue à courir dans le noir, tandis que la lune, sur la crête des arbres, galope avec les chevaux.

Voici la plaine maintenant, la plaine éblouissante de clarté. On traverse de petits villages endormis : la Palud, Maine-Jolet, Vaux. Les feux de la Coubre zèbrent l'espace. A l'orient d'autres lueurs leur répondent.

Est-ce un orage qui se prépare, ou simplement des éclairs de chaleur?

— N'ayez pas peur, c'est des *chalins*, fait le cocher qui a trouvé bon le vin blanc des Mathes, et dont le nez, comme le ciel, a des éclairs inquiétants.

———

XXIII

LES GROTTES DE MESCHERS

Plus heureux que Royan, Saint-Georges ou Didonne, Meschers a conservé quelques vestiges de son logis seigneurial. On l'aperçoit de très loin, à l'est du bourg. Sa haute toiture en tuiles, étroite et pointue comme la charpente d'un château de cartes, émerge d'un bouquet d'arbres. On le désigne encore par son vieux nom féodal de Château-Bardon.

C'étaient d'assez singuliers personnages que les seigneurs du lieu, depuis le soudart du moyen-âge qui construisit ce solide repaire à l'entrée de la Gironde et lui laissa son nom,

13

jusqu'à la prolifique famille des Du Breuil qui le posséda à partir du xvie siècle. Tantôt Français, tantôt Anglais, aujourd'hui catholiques, demain protestants, toujours admirablement disposés à arquebuser les marchands récalcitrants, ils ne mettaient de suite dans leur conduite que pour rançonner méthodiquement les barques de pêche ou de commerce fréquentant le port.

Aujourd'hui l'endroit n'a plus rien de redoutable. On y accède par une allée de tilleuls, où, à la saison des fleurs, bourdonnent des vols d'abeilles. Le long de la façade, blanchie à la chaux, comme les maisons du pays, règne une terrasse pavée, bordée de balustres. Des plantes grimpantes, des chèvrefeuilles, des vignes vierges y accrochent leurs tiges, et risquent parfois leurs feuilles jusqu'aux fenêtres à meneaux.

Le château n'est qu'un curieux assemblage de constructions disparates. Chaque siècle y a laissé sa trace. Des soubassements de plusieurs mètres d'épaisseur indiquent le donjon féodal; un pavillon d'aile aux fenêtres mansardées atteste le bon goût du temps de Louis XIII. La terrasse et ses balustres rappellent les modes du xviiie siècle,

Des fenêtres, on découvre le port de Meschers, déchu, lui aussi, de son ancienne splendeur. C'est un canal étroit entre deux haies de tamaris, au bout d'une écluse de chasse qui l'empêche péniblement de s'ensabler. Deux ou trois gabares y déchargent des cailloux de rivière, tandis que des bœufs songeurs attendent que le chargement soit complet pour se mettre en route. Mais les mariniers ne sont pas pressés. Ils causent avec le douanier de la vendange prochaine. Deux « Michelines » — la plus belle moitié des habitants de Meschers porte ce nom puéril et charmant — rient sous leurs capes de toile empesée. De temps en temps une pelletée de cailloux tombe dans la charrette, une maille ou deux s'ajoutent au tricot des femmes ; puis la conversation reprend avec des intonations chantantes qui s'envolent au vent du fleuve.

Au-dessus du port, la vue est merveilleuse. On découvre toute la baie de Talmont, avec ses vases miroitant au soleil. La côte du Médoc se reflète dans l'eau bleue. Vers la haute mer, les steamers gagnent les passes en laissant après eux des traînées de fumée noire.

Le Premier Empire avait dressé une batterie sur cette pointe. Il n'en reste que les bastions gazonnés, les épaulements et les fossés,

L'intérieur de ces défenses inutiles est occupé par un jardin potager. Les salades et les choux s'y mêlent aux ceps de vigne et d'énormes potirons ont pris la place de boulets moins comestibles. C'est sans doute le douanier, dont la maisonnette est proche, qui soigne militairement cette armée de légumes et d'arbres fruitiers.

Au détour du vieux fort, on prend le sentier qui mène aux grottes, ces « petits trous pas chers » que Sarcey n'a jamais songé à recommander à ses lecteurs quand il créa ce vocable inoubliable. Toute une rangée de moulins à vent borde la falaise.

Que font-ils là, ces solitaires ? Causent-ils avec les oiseaux de mer qui effleurent de leur aile leur toit délabré ? Songent-ils aux moissons passées qui coulaient en flots d'or sous leurs meules ? Le poète Henri Martineau a reçu leurs confidences :

En eux subsiste encor la saine odeur des blés
Qu'écrasaient autrefois les lourdes meules rondes.
Aussi quand le parfum doré des moissons blondes
Leur parvient, les moulins en demeurent troublés.

Ils se vantent, ces minotiers retirés des affaires ! Les moulins ne font pas des réflexions aussi philosophiques. Sentinelles inutiles, ceux-ci regardent couler l'eau, seule distraction à leur faction interminable. Si parfois on les voit agiter leurs grands bras pour saluer un navire, c'est qu'à ses couleurs espagnoles, ils ont cru reconnaître la barque de Don Quichotte.

Une chronique du xvie siècle raconte que Jean de Château-Bardon, sentant sa fin prochaine et voulant expier ses péchés, institua par testament quatre chanoines à Meschers.

J'aurais voulu me trouver au nombre de ces heureux prébendiers.

Ce n'est pas l'église qui m'aurait fait envie. Il n'en reste que la tour. La flèche elle-même est absente. Quand on gravit le court escalier qui conduit à la plate-forme, on est tout étonné de se trouver entre quatre murs, sans la moindre percée d'horizon. C'est un trompe-l'œil. La cloche elle-même est restée à mi-hauteur, comme un voyageur lassé renonçant à une ascension trop fatigante. De l'ancienne nef, pas un vestige. Impossible de se faire une idée de ce qu'étaient les stalles de chœur où les excellents chanoines psalmodiaient les offices en somnolant.

En revanche il devait faire bon vivre au bourg de Meschers. Au temps où le pays était couvert de vignes, on y buvait un petit vin blanc capiteux qui ne demandait que quelques années de bouteille pour acquérir de solides qualités. J'aurais fait volontiers ma cave d'une de ces grottes naturelles, qui s'ouvrent dans le rocher, en face de la mer. Les jours d'été, j'aurais aimé à y venir boire au frais, en regardant les bateaux montant la rivière, puis, pour changer, les bateaux qui la descendent. Ce sont là les occupations d'un sage, convaincu de l'inutilité des voyages. Les capitaines au long cours, en braquant leur jumelle sur cette énorme falaise jaune, percée de trous comme un fromage de gruyère, m'auraient pris pour le rat du bon Lafontaine.

Essayez de trouver un immeuble plus avantageux ! Êtes-vous à l'étroit dans votre salle-à-manger, un jour de gala ? Vite vous creusez dans la pierre friable la place d'un nouveau convive. Vous voilà quatorze à table au lieu de treize, chiffre malencontreux, si j'en crois d'aimables amies qui ont tellement horreur de ce nombre impair qu'elles défendent aux marchandes d'huîtres de leur donner treize mollusques à la douzaine. L'hiver on manque un peu de visiteurs. Mais l'été la grotte ressemble à la maison de Socrate : elle devient trop petite pour les amis qui viennent vous voir. Il ne vous reste plus qu'à mettre un tourniquet à votre porte. Avec le prix des entrées vous vous offrirez des douceurs, et vous pourrez instituer des jours chics pour femmes du monde, avec audition de la *Grotte de Fingal.*

Il est difficile de s'ennuyer dans un gîte aussi confortable. Mais aux cerveaux inquiets, à qui les distractions sont indispensables, les grottes de Meschers offrent en passe-temps la chasse et la pêche. Une pêche admirable, où les « trules » remontent pleines de crevettes grosses comme de petits homards. Une chasse ouverte en toute saison, sur le gibier de mer, les oiseaux de passage, les palombes, les cailles ! J'ajouterai même, pour les amateurs de jardinage, que ce terrain, éminemment pierreux, est excellent pour la christe-marine, qui constituait, au dire de Bernard Palissy, une salade succulente, mais qui est bien, à mon goût, la plus exécrable drogue qu'on puisse rêver.

D'ailleurs on peut voisiner. J'y connais un tisserand qui fait encore ces bons tapis de « nouis » inusables, pour lesquels nos grand'mères employaient les vêtements hors de service, les vieilles cottes en droguet ou en serge. Tous les tisserands savent des histoires. Je viendrai causer sur son palier. La place est un peu étroite, mais on n'est pas dérangé par les voisins, et les gens d'en face ne vous espionnent point. Pas de potins domestiques. Sur la falaise, c'est la mer qui se charge du balayage. A chaque marée montante « la concierge est dans l'escalier ».

J'oubliais un agrément : le plaisir de graver son nom sur les murailles.

Depuis qu'il y a des hommes et qui écrivent, cette manie d'aligner des graffittes n'épargne personne. A la belle saison, la maladie passe à l'état aigu chez les touristes, qui, ne pouvant apprendre leurs noms aux pierres puisque les murs n'ont pas d'oreilles, les leur gravent dans l'épiderme en lettres d'un pouce de haut.

Sur certains édifices l'opération ne laisse pas de présenter quelque difficulté, surtout lorsque l'architecte a mis en œuvre le granit. Mais les grottes constituent un terrain excellent pour ceux que ce genre de sport intéresse. Sur leur calcaire coquiller, tendre comme du bois blanc, on peut enseigner en quelques minutes à la postérité qu'Anatole, de Paris, est venu avec Elisa et le petit Totor.

Que de noms, que de dates ! Les piliers, les parois, les voûtes en sont constellés. C'est un annuaire lapidaire, une liste des étrangers qui s'allonge chaque année de nouveaux venus, facilement reconnaissables à leur cicatrice plus fraîche dans le roc. On voudrait rire. La naïveté de tant de petites vanités désarme. On se prend d'attendrissement pour ces inconnus qui se sont assis au seuil des grottes dorées par le soleil, et ont suspendu leurs noms comme des ex-votos dans ce sanctuaire naturel.

Qui sait, parmi ces milliers de syllabes mortes, que nous épelons au hasard en nous amusant de l'inattendu ou du grotesque des consonnances, s'il n'y a pas autre chose que des témoignages de vanité stupides ? Des cœurs simples ont peut-être laissé leurs noms à ces roches semées de coquillages. Tout un jour, ils ont été heureux, ils ont rêvé entre le bleu du ciel et le bleu des flots. L'heure du départ est arrivée. Avant de quitter cette grotte où ils ont senti le bonheur les effleurer de son aile, ils se sont demandé s'ils y reviendraient jamais, et en pensant à la fuite du temps, ils ont voulu ancrer leur joie éphémère à la masse éternelle du rocher.

Mais voyez! Chaque hiver les pluies, les vents et la gelée détachent de la voûte des lambeaux de pierre. Les grottes s'effondrent, et avec elles ces inscriptions qui semblaient vouées à l'immortalité. Alors à quoi bon tant de peine? Ecrivons nos noms sur le sable. La mer, en montant, les effacera, mais puisque tôt ou tard ils doivent disparaître, qu'importe qu'ils vivent des années ou l'intervalle d'une marée? Demain nous recommencerons. Ce ne sera peut-être pas le même nom que nous écrirons à côté du nôtre.

XXIV

LES DEUX RIVES

La vieille église de Talmont, comme le Mont-Saint-Michel, est perchée sur son promontoire « en péril de mer ». On la découvre de tout le pays d'alentour, suspendue en ex-voto gigantesque à la voûte du firmament. Au dessous les flots s'engouffrent. Des pêcheurs jettent leurs filets. On se demande si l'on n'est pas le jouet d'un mirage, si le vent qui précipite la course des nuages, ne va pas emporter avec eux la chimérique église.

Sur ces falaises déchiquetées, en face de l'estuaire démesuré où le vieil Océan déchaîne sa colère contre la douce Gironde, on sent planer une vague terreur. Devant ces murs écroulés, ces ruines d'une ville jadis puissante, on se prend à trouver aux flots une volonté mauvaise et consciente.

De tels ravages ne peuvent être l'effet du hasard. L'acharnement des vagues prend le caractère de représailles. Pour un peu plus, on en arriverait, comme les anciens, à personnifier ces forces fatales de la nature, à voir dans les brisants des monstres déchaînés par le courroux de Neptune.

Pour le moment ces animaux fabuleux se présentent sous la forme de simples marsouins plongeant et replongeant au pied même des roches. Certes ce ne sont pas ces gracieux cétacés qui auraient fourni à Théramène l'hydre effrayant de son récit. A Talmont les monstres dignes de ce nom sont en pierre : ils ornent le portail roman de l'église.

Quelle bizarre imagination a poussé le moyen-âge à semer ces dragons, ces tarasques, ces grand'goules, sur les façades délicates de ses basiliques ? Que voulait-il signifier avec ce symbole ? Etait-ce l'esprit du mal, le démon, qu'il affublait de carcasses squameuses, de griffes acérées, de gueules énormes, de triples rangées de dents ? Voulait-il représenter les malebêtes qui peuplaient, aux temps fabuleux, les hautes herbes des marais sans fin ? Problème insoluble ! Les pierres gardent leur mystère.

Ceux qui pourraient lever un coin du voile du passé reposent sous des tertres verdoyants autour de l'église, dans ce cimetière minuscule où les tombes s'enchevêtrent, pressées les unes contre les autres. Ici les morts eux-mêmes se tassent pour résister à la violence de l'ouragan. Vains efforts ! Les flots qui firent des cadavres de tant de vaillants marins les poursuivent jusque dans le sépulcre. La mer ne veut rien laisser à la terre. Chaque hiver, avec un lambeau du rocher, elle reprend quelques ossements blanchis, et les sème en poussière impalpable au vent des grèves.

Ce champ de repos est tout fleuri. De pieuses mains ont planté les tombes d'œillets odorants, de roses et de verveines. Le soleil a fait épanouir entre les pierres de superbes pavots d'or. Une femme en deuil, un foulard noir autour de la tête à la mode de Saintonge, prie, agenouillée au pied d'un tertre. On dirait une pleureuse antique.

Les touristes, qui s'aventurent par là, se contentent d'ordinaire de visiter l'église et son cimetière embaumé. On fait le tour du chevet par l'étroit sentier, sur la falaise ; on examine d'un œil distrait les sculptures du portail ; on cueille une fleur sur une tombe ; on remonte en voiture avec une petite pensée mélancolique pour ceux qui reposent là-haut, entre le ciel et la mer.

L'endroit mérite mieux. Pour ceux qui fuient la Grande-Côte, devenue, grâce au Decauville, une succursale de Pontaillac, Talmont avec ses rues désertes, ses maisons en ruines, dégage une haute impression de tristesse et d'austérité. Là-bas, sur la côte jadis sauvage, l'esprit inquiet cherchait des débris de naufrages, songeait aux marins engloutis. Ici le drame de la mer est moins poignant, moins meurtrier. Mais la terrible mangeuse d'hommes n'en est pas moins odieuse lorsqu'elle s'attaque aux choses. Elle semble plus hypocrite ; elle frappe en dessous, à petits coups, elle savoure sa vengeance. Cette terre qui meurt, cette ville qui s'éteint, nous émeuvent d'autant plus que nous les croyions éternelles.

Les habitants ont renoncé à la lutte. Dans l'étroit chenal envasé qui leur sert de port, deux ou trois barques de pêche s'alignent à la queue leu-leu. La grande rue abrite un cabaretier, un épicier, un buraliste. Le reste du village agonise. De petites rues tortueuses n'allant nulle part : des logis abandonnés aux linteaux sculptés, aux portes cintrées ; des façades sans maisons ; des bancs de pierre où personne ne s'assoit ; et partout, le long des murs, de magnifiques roses trémières, dressant leurs tiges altières comme un rappel des splendeurs d'autrefois...

Tout cela c'est la ville qui se meurt : mais il y a pis encore, c'est la ville morte, les remparts du moyen-âge, le château aux puissants contreforts dont les pierres dorment dans la vase au pied des rochers, sous un linceul de varechs.

A la fin du règne de Henri IV, lorsque le géographe Chastillon relevait les vues cavalières des bonnes villes de France, le château de Talmont avec son donjon carré, flanqué de quatre tours, défendait une rade accessible aux vaisseaux d'un fort tonnage. Mais les flots firent si bien qu'ils vinrent à bout de la langue de terre qui reliait le château à la ville. Les défenseurs, à chaque marée, se trouvèrent isolés dans une île. Bientôt le château lui-même se vit menacé. Les vieilles tours croulèrent. Les ruines elles-mêmes périrent. Il ne resta plus que cette roche isolée appelée par les gens du pays, la Vache.

Pourquoi la Vache? Cette croupe blanche, allongée sur son lit de goëmons, ressemble-t-elle à quelque monstrueux ruminant endormi dans son pâturage marin? Les mugissements de la tempête prêtent-ils une voix à cette vache géante, les nuits où l'océan furieux fait gambader ses moutons sinistres?

Je voudrais un autre nom pour le fantastique rocher. Pourquoi pas le Sphinx? Allongé au pied de la falaise, interrogeant de son œil de pierre l'embouchure de la Gironde, porte ouverte sur l'inconnu, il a l'air suffisamment mystérieux et songeur. Comme ses frères, les solitaires d'Egypte, ne garde-t-il pas des cités disparues? Sous sa masse gigantesque dorment pêle-mêle les débris de la conquête romaine et les ruines féodales. Il guette maintenant la pauvre ville qui agonise là-haut; son ombre mesure les siècles qui lui restent à vivre avant de descendre dans la nécropole marine.

Mais qui sait? Profilant sur l'azur du ciel ses hautes murailles grises, la chapelle de Talmont domine le sphinx. La douce chanson de foi, qui berce depuis si longtemps l'humanité, n'est pas morte. L'esprit triomphe encore de la matière. Et l'on se prend à songer à l'admirable tableau de Luc Olivier Merson, où, dans la nuit étoilée d'Orient, la Vierge endort l'Enfant divin entre les griffes du Sphinx.

De l'autre côté du vaste estuaire, une autre église dort au pied des dunes, à demi-enveloppée de sable. La mer indifférente, qui sème la vie et la mort et crée des terres nouvelles avec les lambeaux des anciens continents, reconstruit ici ce qu'elle détruit là-bas. Avec les débris du paisible cimetière de Talmont, elle ensevelit le sanctuaire de Soulac.

Il y a seulement cinquante ans, un linceul de sable recouvrait Notre-Dame de la Fin des Terres. Çà et là le vent d'hiver avait mis à nu quelques parties de l'édifice. La tour du clocher où se dressait une balise, servait d'amer. La façade ruinée émergeait jusqu'au sommet de son portail ogival. La dune montait le long des murs latéraux, débordant les voûtes, envahissant la nef, où l'on pouvait à peine circuler tête baissée.

Aujourd'hui l'église est sortie « des grandes montioles d'arène mouvante » que Montaigne

avait vu marcher en « fourriers » de la mer.
Le triple chevet roman retentit du chant des
fidèles comme au temps où de longues files de
pèlerins venaient, au milieu de son désert de
sable, implorer Notre-Dame de la Fin des
Terres. Mais le mauvais goût du jour s'est
manifesté par une madone de bois sculpté,
œuvre d'un moderne industriel, qui contraste
douloureusement avec les antiques murailles
bordées d'entrelacs bysantins.

A l'extérieur, du moins, l'édifice a gardé
la majesté d'une ruine.

Les murs du prieuré fortifié s'écroulent dans
les ronces, les dentelures de l'absidiole gothique
s'effritent à côté des tombeaux de pierre où
peut-être autrefois reposa « li bons homs qui
fist l'église de Solac et de Grava et de Cordan,
per lo commandement Karla ». L'eau qui filtre
de la dune au fond de ce paisible vallon
forme un étang minuscule au pied du délicat
chevet. Sous l'épais rideau de ronces, des
libellules aux ailes d'or rasent l'eau dormante,
une grenouille apeurée plonge entre les pierres.
La nature fait renaître la vie au milieu des
choses mortes.

En été, Soulac est le pèlerinage obligé des
Royanais. C'est l'excursion des gens pressés,

la joie des touristes qui veulent emmagasiner le plus possible d'impressions dans un minimum de temps. En quelques heures, on épuise tous les moyens de locomotion. On saute du bateau à vapeur dans le tramway, du tramway dans le chemin de fer, du chemin de fer dans l'omnibus. On change quatre fois de direction, et, quand on arrive on a fait un peu moins de quinze kilomètres. C'est à se demander si tout cela est sérieux, si ce parcours en zig-zag n'a pas été inventé pour donner à des globe-trotters amateurs l'illusion d'un tour du monde entre deux repas.

Blottie sous les arbres, la gare respire le calme des champs et la bonne odeur des bois. L'herbe est superbe entre les rails. J'ignore si la récolte de foin, au printemps, a donné satisfaction au chef de gare, mais l'état du terrain promet un fort regain, à condition que la saison ne soit pas trop sèche, et qu'il ne passe pas plus de trains qu'à présent. En revanche, le long de la route qui mène à la ville, les talus poussiéreux sont aussi dénudés que si le feu y avait passé. Les pins étouffent l'herbe sous une pluie de fines aiguilles.

Dieu d'harmonie ! par qui le sapin fut planté, comme chantait Pierre Dupont. Que n'avez-vous semé à la volée quelques acacias et quelques chênes verts au milieu de ces pinèdes monotones ! Quel silence entre ces interminables poteaux de mines, maigrement coiffés de leurs panaches hérissés ! Quel désert dans ces rues découpées à angle droit, à même le bois ! Quelle tristesse autour de ces chalets couverts en tuiles rouges, invariablement composés d'un rez-de-chaussée aussi bas qu'un monument funèbre ! L'œil s'y trompe. On cherche sur le fronton, à côté des noms habituels *Jeanne-Marguerite* ou *Gaston-René* : « Regrets éternels ! »

Soyons justes. Les distractions ne manquent pas à Soulac, mais il faut savoir les chercher.

Un musée à ciel ouvert, dans la cour de l'hôtel-de-ville, offre à la curiosité du public deux caronades naufragées au temps de Louis XV, une collection de sarcophages provenant de l'abbaye, un squelette de baleine, fleuri de ronces sauvages du plus pittoresque effet. Sur la grande place, un théâtre en plein vent joue la *Porteuse de pain*, pièce de circonstance dans ce pays de la résine.

Au surplus, la grande distraction, c'est l'océan, qui, même par les plus beaux jours d'été, se brise en flots écumants, roule avec un bruit de tonnerre son artillerie de vagues sur un front de bandière de plusieurs kilomètres. Sous le soleil, du haut de la dune, il semble endormi comme une grosse bête bleue aux écailles d'or. Mais la pauvre plage, battue, déchirée, éventrée, porte trace des colères du monstre. Elle étale au grand jour ses trous et ses plaies où miroitent des lacs d'eau calme. Dans ces baignoires naturelles, viennent barboter, entre chaque marée, des bandes d'enfants que leurs mamans se sont donné le mot pour vêtir de flanelle garance, sans doute pour les apercevoir de plus loin. Gambadant, pêchant la crevette, faisant voguer leurs petits bateaux, ils ont l'air de poissons rouges dans un aquarium démesuré.

Heureuses gens ! heureux pays, où l'on n'entend pas un automobile, pas un piano ! C'est avec regret qu'on lui dit adieu, et que l'on reprend le chemin de l'embarcadère, à travers la forêt de pins où flotte comme une vague odeur d'eau dentifrice. Mais quand on arrive à Royan, dans la lumière, dans le mouvement, dans la vie, on comprend le contentement du Parisien qui retrouve le boulevard des Italiens après une excursion sur la rive gauche, de l'autre côté de l'eau.

———

XXV

GARDIENS DU FEU

Disparate comme la Chimère de la fable, l'énigmatique Cordouan a le pied d'une forteresse, le corps d'une chapelle, la tête et l'œil d'un phare.

L'énorme bastion circulaire s'ouvre, comme une place forte, par une poterne bardée de fer. Des casemates entourent un chemin de ronde. Sur le rempart, on cherche les canons.

Ce morose calice de pierre enferme la fleur délicate conçue par le vieux maître de la Renaissance. L'œuvre de Louis de Foix s'égaye de délicats détails de sculpture, chapiteaux doriques ou corinthiens, pilastres, colonnades, bas-reliefs, distribués à profusion. Un portique orné, dont le fronton accole selon l'usage Mars et la Victoire aux armes de France, donne accès au vestibule. Plus haut, l'appartement du Roy avec ses cheminées à vaste manteau, ses larges baies sur la galerie extérieure, abritait jadis les bustes d'Henri III et d'Henri IV. Deux lourdes figures en bronze de Fresnel et de Bréguet les ont remplacés dans leurs corniches. Elles se sont trompées d'étage. C'est au sommet, près du fanal, que leur place était marquée. Dans l'édifice de Louis de Foix la science s'allie à l'art, non au mauvais goût des ingénieurs.

Notre-Dame de Cordouan occupe l'étage au-dessus. C'est une petite merveille d'architecture dont la coupole fait rêver d'un Val-de-Grâce en miniature. De jolis vitraux de Lobin, de Tours, ménagent un jour discret. Le buste de Louis de Foix, malheureusement plâtré d'une affreuse couche de badigeon, accompagne des inscriptions à la louange de Louis XIV et de Louis XV. Une longue pièce en vers d'un poète du xvie siècle, peut-être du bordelais Pierre de Brach, promet une durée égale au monde « à ce phare de gloire ».

Au-dessus commence la tour, élevée en 1788 par l'ingénieur Teulère, à la place du dôme et des grandes lucarnes ornées, des pilastres, de la lanterne sculptée par l'architecte de l'Escurial. Teulère, du moins, a respecté, autant qu'il a pu, le travail de son devancier, et l'escalier hélicoïdal qui conduit au fanal témoigne de sa part d'une véritable recherche de goût.

Du sommet du phare, loin de tout point de comparaison, l'esprit se perd dans l'immensité. Il oublie l'édifice, chef-d'œuvre des longues générations humaines. Il lui vient des ailes, comme dans la ballade allemande. Sa rêverie l'emporte sur les nuances changeantes des flots, tandis que l'ombre de la tour mélancolique tourne lentement sur le bas-fond d'algues vertes.

Bientôt le gigantesque cadran solaire marque l'heure du retour.

La mer est si retirée que du pied du phare elle apparaît comme une ligne bleutée à l'horizon, un lointain d'arbres dans la plaine. A perte de vue, le plateau étale ses prairies où viennent paître les troupeaux du vieux Protée. Des vols de mouettes s'élèvent et retombent autour de la façade immaculée du phare. On se prend à songer d'un colombier démesuré où

de blancs pigeons vivraient d'azur et de l'écume
des vagues.

Certains se demandent, au retour d'une visite
à Cordouan, quelles sont les distractions possi-
bles dans ce vieux monument où, selon le beau
vers d'André Lemoyne,

Quelques hommes pour tous gardent le feu vivant.

En vulgaire prose, on cherche comment les
gardiens du phare peuvent passer, sans mourir
d'ennui, les trente jours de villégiature que
l'administration des Ponts et Chaussées leur
octroie à 59 mètres au-dessus des plus hautes
mers, dans une atmosphère dépourvue, il est
vrai, de microbes, mais ressemblant aussi peu
que possible à l'atmosphère de fêtes et de
plaisirs vantée par les journalistes royanais.
Je ne parle pas, bien entendu, de la belle
saison, où la diversité des visiteurs et l'à-propos
de leurs réflexions doivent suffire à distraire
les bons veilleurs, pour peu que leur âme
simple soit accessible à une douce ironie. Mais
l'hiver, mais les jours de brume où l'isolement
est complet, quelles ressources peuvent-ils
trouver sur leur rocher ?

La pêche ? Certes, les crabes de Cordouan, ces robustes lutteurs, rouges comme un premier caleçon de la foire de Neuilly, ont le goût délicat, et leur quête sous les pierres moussues peut passer pour un sport plein d'imprévu. Mais il ne fait pas toujours bon s'y livrer. Il n'y a pas très longtemps qu'un gardien, surpris dans sa pêche par une brume à couper au couteau, resta de mortelles heures à tourner en cercle sur le plateau, entouré par les lames qui peu à peu le gagnaient jusqu'à la ceinture, sans que le son de la cloche sonnée à toute volée, ni le bruit des coups de feu tirés d'instant en instant par ses compagnons pussent arriver jusqu'à lui.

La chasse aux oiseaux de passage est intermittente. Puis, à quoi bon chasser quand on n'a personne à qui raconter ses exploits cynégétiques ? La lecture ? J'avais cru longtemps que les exilés de Cordouan imitaient M. Pierre Loti. Mais j'ai appris qu'ils lisaient quelquefois, car Ernest d'Hervilly, si mes souvenirs sont exacts, rapporte qu'une revue à l'eau-forte fondée par Nadar n'eut jamais qu'un seul abonné : un gardien de Cordouan.

Le fait est malaisé à vérifier, mais il rappelle d'amusante façon la boutade d'un député de

la Charente-Inférieure, l'original Beauséjour.
A une séance mémorable de la Chambre, où il
proposa de supprimer tous les curés, à l'excep-
tion d'un seul qui dirait la messe pour la
France entière, quelqu'un de la Droite lui cria :

— Mais où le mettrez-vous, votre curé,
monsieur Beauséjour ? Toutes les villes, tous les
villages, tous les hameaux vont se l'arracher !

— A la tour de Cordouan ! répondit l'hono-
rable.

Un de mes amis, président d'un des clubs
cyclistes les plus importants de la région, vient
de trouver une distraction nouvelle pour les
solitaires du phare. Il propose de leur installer
un vélodrome sur le chemin de ronde.

Cette vaste plate-forme, mesurant 41 mètres
de diamètre, ce qui, d'après la formule bien
connue de $2 \pi R$, donne une piste de 158 mètres
et des centimètres négligeables, conviendrait
admirablement à deux ou trois cyclistes. Le
pavage, poli par les lames, est d'un roulement
préférable au bitume de nos meilleurs vélodro-
mes. Les bâtiments de service qui font le tour
de la plate-forme abritent la piste du vent
et de la pluie. Il sera seulement prudent de
s'abstenir les jours de tempêtes du nord-ouest,

les lames rendant l'accès du vélodrome de
Cordouan dangereux pour les coureurs.

Quelle destinée étrange que celle de ces
gardiens du feu ! Ceux de Cordouan, sur leur
îlot, ont une maison, un solide abri de pierre
qu'ils sentent à peine osciller dans les plus
terribles tourmentes. Mais ceux des phares
flottants, enchaînés sur leur navire comme
Andromède sur son rocher, voient venir la
mer furieuse sans pouvoir l'éviter, et présentent le flanc à son formidable choc.

Ils sont nombreux, sur la côte.

Le feu flottant du Grand Banc à l'entrée de
la Gironde, salue au passage le transatlantique
qui rentre par la passe du nord. Plus avancés
en rivière, les feux de Talais, de By, de Mapon
échelonnent sa route jusqu'à Blaye. Navires
résignés à l'attache, voyageurs qui ne partent
jamais, ils accompagnent d'une lueur amie
leurs frères libres voguant vers l'inconnu. Au
retour, si la mer est mauvaise, si le vent fait
rage, ils attendent au plus fort de la tempête,
au plus terrible des flots, le retour de l'enfant prodigue, pour le ramener sain et sauf
au logis.

Le plus exposé, c'est le Grand Banc. Par

beau temps, la mer y est démontée. Dans les tempêtes, de véritables montagnes d'eau s'abattent sur le ponton, comme pour l'écraser sous leur poids.

Mais l'homme s'accommode à tous les milieux. Les malades incurables vivent avec leurs infirmités comme d'autres à l'état de santé parfaite. Les gardiens du Grand Banc sont aussi à l'aise sur leur coque de fer que ceux de Cordouan sur leur tour. Ils échappent par l'habitude à cette sensation angoissante qui nous torture quand nous mettons le pied sur leur navire à l'ancre : l'essor aussitôt arrêté, toujours recommencé, l'affreux serrement de cœur des cauchemars où nous rêvons que nous voulons fuir, sans que nos pieds puissent se détacher du sol.

Chez eux, les appareils d'éclairage aux cuivres irréprochables, le carré, avec la grosse horloge qui, pendant quarante jours, sonnera les heures de garde monotones, les couchettes dans les cadres, tout l'intérieur a bonne tenue et contraste singulièrement avec les formes massives, lourdes, inesthétiques du bâtiment.

Les hommes d'équipage vivent en bonne intelligence. Leur état d'âme est, par bonheur, peu compliqué. Ils ont, comme les autres, leurs heures de gaieté. Naturellement la femme n'entre pas à bord, et, ce grand élément de discorde écarté, les sujets de discussions ou de dissentiments sont rares.

Sage mesure !

Les officiers de marine conviennent de la susceptibilité nerveuse, des emportements, des brouilles qui naissent après une longue traversée, entre des natures certainement supérieures, mais exaspérées par la vie en commun, autour de sujets de conversations jamais renouvelés, de plaisanteries cent fois entendues. On frémit en songeant à ce que serait une haine à bord entre des êtres plus frustes, en contact nuit et jour sur quelques pieds carrés, abandonnés des mois entiers comme des naufragés sur un radeau.

Un jour, à Cordouan, les trois veilleurs venaient de se mettre à table. Menu frugal ! ils avaient à manger une queue de morue. Soit par hasard, soit à dessein, la fourche caudale du poisson se trouva dirigée vers l'un d'eux. C'était un homme marié ; sa femme habitait Royan : « Vous tournez les cornes de mon côté, s'écria-t-il. C'est mal à vous de dire que ma femme n'est pas fidèle. » Les autres se prirent à rire, et les plaisanteries tombèrent drû comme grêle sur le dos du mari.

Huit jours après, le service des Ponts et Chaussées était avisé de la disparition du gardien avec le canot du phare. On le trouva à quelques milles en mer, le corps dans l'eau, pendu à une corde attachée à l'un des bancs de l'embarcation.

XXVI

AU PAYS DES HUITRES

De temps immémorial, les habitants de l'île d'Arvert, depuis Royan jusqu'à Brouage, jouissaient de l'exemption d'impôts, moyennant une redevance assez minime. Un beau jour, les ministres de François Ier s'avisèrent qu'on pouvait tirer mieux d'un pays aussi riche en marais salants. Ils projetèrent d'y établir la gabelle. Ils envoyèrent en Arvert un peintre de renom pour relever le plan du territoire. Comme on était en hiver, l'eau couvrait toutes les terres. L'artiste rapporta une carte où l'on voyait les bourgs et les villages admirablement figurés, mais où les marais, motif unique de son voyage, restaient dans une inexprimable confusion.

On songea alors à un potier de Saintes, qui passait auprès de ses compatriotes pour un cerveau quelque peu fêlé, mais qui, lorsqu'on le sortait de ses fours et de la cuisson de ses émaux, montrait sur toutes choses des connaissances profondes et des vues admirables de clarté. Les commissaires du roi le trouvèrent à peu près ruiné par ses expériences, découragé par l'insuccès. Ils lui firent aisément accepter la mission qu'avait si mal remplie son prédécesseur.

Bernard Palissy, — c'était le nom du potier, — vint vivre en Arvert. La belle saison commençait. Les eaux, plus basses, dessinaient d'elles-mêmes les formes géométriques des marais salants : tout le pays ressemblait à une immense succession de chassis de fenêtres juxtaposés, réfléchissant l'azur du ciel et le vol des oiseaux de passage. Maître Bernard n'eut aucune peine à relever sur ses cartons un plan dessiné, pour ainsi dire, par la nature. Puis, comme il n'était pas seulement un arpenteur habile, mais encore un observateur avisé, il regarda autour de lui et nota, à sa façon, ce qui lui passait sous les yeux. Quelques trente ans plus tard il en fit part aux curieux qui voulurent bien acheter son *Discours admirable de la nature des sels*, imprimé à Paris, chez Martin le jeune, à l'enseigne du Serpent.

Dans son livre, il se fait le cicérone de ce « labyrinthe » de canaux, où une lieue monte à plus de six, à cause des détours qu'il faut faire, des ponts qu'on cherche à droite et à gauche, souvent à l'opposé du lieu où l'on veut aller. Il enseigne à établir un marais salant, à y amener l'eau de la mer, à récolter le sel, à le charger à bord des barques.

« Sitôt, dit-il, qu'un saulnier a vendu son sel, on voit arriver des quantités de petits chevaux pour le transporter à bord des barques... Cela se fait avec une merveilleuse diligence, tellement que l'on diroit, qui n'en auroit jamais veu, que ce sont esquadrons qui veulent combattre les uns contre les autres. Il y a gens, sur le bord du bateau, qui ne font que vuider les sacs, et un autre qui marque, et chacune beste ne porte qu'un sac à la fois, et ceux qui touchent les chevaux sont communément petits garçons, qui, soudain que le cheval est deschargé et le sel vuidé, se jettent de vitesse sur le cheval, et ne cessent de courir la poste jusques à la « vache » de sel où il y a autres hommes qui emplissent les sacs. »

Entre temps, Palissy cueillait les simples des marais : l'herbe qui sert à faire le sel alcali, la soude, la christe-marine, l'absinthe saintonique, — que nous appelons aujourd'hui santonine, — et qui a « telle vertu que quand on la fait bouillir, et, prenant sa décoction, on en détrempe de la farine pour en faire des beignets fricassés au beurre, ils chassent et mettent hors tous les vers qui sont dans le corps, tant des hommes que des enfants. »

Mais ces divertissements de naturaliste ne pouvaient faire oublier au chercheur le problème auquel il avait voué sa vie. Dans ses courses silencieuses à travers les marais, troublées par le seul cri des oiseaux de mer et par le murmure de Maumusson qu'il entendait « de plus de sept lieues de loing », Bernard Palissy poursuivait sa lutte avec sa propre pensée.

Bientôt sa mission fut achevée. Il rentra à Saintes, plus riche de quelques écus, fortifié par l'air vivifiant de l'océan, réconforté par l'âme du sel. Dès son arrivée, il remit au four de nouveaux émaux, et, comme le bois vint à manquer, il brûla ses tables et le plancher de sa maison.

Quand de Royan on veut passer dans le marais d'Arvert, on prend la grande ligne de Paris jusqu'à Saujon et son embranchement de Saujon à la Grève. C'est la route la plus directe pour aller à Marennes.

Entendons-nous.

C'est la plus directe parce qu'il n'y en a pas d'autre, et qu'à tout prendre, il vaut mieux, contre toute règle géométrique, suivre les deux côtés d'un triangle rectangle pour aller d'un point à un autre que de ne pas y arriver du tout par l'hypothénuse. Mais ce chemin de fer peu ordinaire stationne six fois dans un parcours de vingt kilomètres : à Fontbedeau, à Mornac, à Chaillevette, à Arvert, à Etaules, à la Tremblade. Une aussi sage lenteur doit avoir pour but de ne pas dépayser les huîtres, habituées, on le sait, à une vie sédentaire.

Quand on arrive à la Grève, il faut passer la Seudre sur un bac, comme au bon vieux temps.

A marée basse, sur l'eau jaunâtre, apparaît un immense bateau plat, remorqué par une mouche haletante qui a peine à couper le courant. On s'embarque sur ce pont mouvant au milieu des charrettes et des bestiaux. On s'assied, si l'on peut, et en route !

La rivière, large comme un fleuve, roule

des flots de boue. C'est « la maline ». La mer
s'est retirée très loin, vers Maumusson, où elle
gronde en attendant le moment de revenir
secouer ses bancs de vase. Pas une voile au
large. Seul un grand bâtiment de l'Etat,
hors d'usage, est ancré dans ce morne estuaire.
C'est, paraît-il, une école de torpilleurs. Pourquoi
faire ? Est-il besoin de dynamite pour détacher
les huîtres de leur rocher ?

On débarque. Tiens ! une diligence ! le tableau
est complet. C'est un modeste omnibus à
impériale, traîné par deux bonnes bêtes du
pays, qui vont de la Grève à Marennes et en
reviennent du pas rêveur de philosophes ayant
la tête ailleurs... et les jambes aussi. Mais la
route est si plate et le clocher de Marennes
paraît si proche ! Voyez ! Il domine le pays
d'alentour comme une gigantesque fleur de
pierre. Sur le chemin crayeux, sa blanche
silhouette indique l'auberge au voyageur, comme
elle rappelle, de loin, au marin long-courrier,
les grèves natales. Les vers d'André Lemoyne
chantent mélancoliquement dans le paysage :

> Ils avaient aperçu le clocher de Marennes
> Dont la flèche, en plein ciel, des eaux semblait jaillir,
> Et dans le chaud parfum des plantes riveraines
> Les plus robustes cœurs se sentaient défaillir.

Il est certain qu'on flotte dans une atmosphère étrange. Est-ce l'esprit du sel, ce sel rose à odeur de violette, qui monte des marais salants ? Est-ce l'eau dormante des innombrables lagunes où sommeillent en paix les huîtres succulentes ? Est-ce le fenouil, la santonine, ou ces pâles statices mauves, déjà séchées quand elles s'ouvrent au jour ?

Tout est mystère dans ce pays qui ne ressemble à rien de déjà vu. Pourtant la plaine est nue. Nul obstacle n'arrête la vue, si ce n'est, çà et là, le toit rouge d'une cabane de parqueur ou la voile d'une filadière glissant comme une apparition au milieu de cette solitude. Les riverains sont sur les parcs. Pas une âme vivante le long de ces innombrables étiers qui se coupent en lignes droites, ainsi que les allées d'un jardin à la française. Et cependant l'on sent qu'un travail invisible s'élabore. Le soleil remplit son rôle de créateur universel. Il tire à lui, selon la croyance des anciens alchimistes, le sel de l'eau dans les aires des marais. Tout à côté, les huîtres, au fond des claires, s'imprègnent du suc bienfaisant de je ne sais quelle plante mystérieuse, et sous la nacre de leur coquille tissent leur manteau vert velouté.

Bientôt la mer revient : le décor change. La Belle-au-bois dormant s'éveille. Du bout de l'horizon le peuple des barques accourt. Des centaines de voiles, rouges, blanches, bleues, diaprent les flots aux couleurs nationales. Les canaux reprennent vie. Partout on voit s'amarrer des filadières. Robustes gars ceinturés de rouge, belles filles aux formes opulentes emprisonnées dans d'énormes culottes, vieilles sempiterneuses qui ont quitté le banc où elles sommeillaient devant leur porte pour revoir encore une fois les parcs avant l'hiver, tout ce monde s'agite, s'interpelle, se bouscule, rit à pleine gorge, en débarquant les paniers d'huîtres.

Sous le soleil qui fait rutiler comme des Rubens les chairs débordantes de santé, on songe à quelque kermesse gigantesque dans un paysage de polder Hollandais.

Au delà de Marennes, la route fuit, étroite et poudreuse entre deux rangées de maigres ormeaux. La voiture roule. Sous l'implacable ciel de midi, on suit dans une demi-somnolence la morne succession des pyramides de sel et des rigoles. Et tout à coup, un brusque arrêt.

Je saute sur la route. A pleins poumons,

j'aspire l'air plus frais, chargé d'effluves marins, de subtils parfums de plantes sauvages.

Où suis-je ? Devant mes yeux, une haute muraille, inclinée en talus et défiant l'escalade, développe ses bastions d'après les préceptes de Vitruve, renovés par les ingénieurs de Louis XIII. La brique se marie à la pierre pour former un faîtage gracieux. Aux angles, des échauguettes découpent leur silhouette élégante et frêle. Plus haut encore, couronnant le chemin de ronde, de hautes cîmes d'arbres mettent un panache vert à la forteresse, comme pour rallier les oiseaux du ciel.

Pas une âme qui vive. Le silence est si profond que j'entends très loin, dans le marais, le cri d'un courlis qui se lève.

Rêve ou réalité ? Où donc ai-je vu cette nécropole ? Est-ce en songe que me sont apparues ces murailles blasonnées aux armes de Louis XIII, d'Anne d'Autriche, du cardinal de Richelieu ? Vais-je descendre dans une ville morte, Pompéï ou Herculanum moderne, ou bien m'éveiller dans la légendaire cité d'Ys, ensevelie sous les vagues de la mer ?

Mais non, je me souviens. L'antique domaine du roi Gralon périt envahi par les eaux, et la ville que j'ai sous les yeux, c'est Brouage —

Brouage la morte — qui mourut lorsque la mer se retira de ses murailles.

Un porche à franchir, et l'impression de tristesse se dégage, intense. Une rue unique, large et droite, bordée de maisons basses, uniformément construites; puis d'autres rues ou plutôt des amorces de rues, des venelles qui ne mènent qu'à des décombres. Une solitude étrange. Pas un de ces bruits qui accueillent le voyageur à l'entrée des villages, l'aboi d'un chien, le piaillement effaré d'une poule, le grincement d'une corde sur la poulie d'un puits. A l'improviste, derrière un auvent vite refermé, une tête de femme hâve, amaigrie, brûlée de fièvre, apparaît, et sa coiffe blanche, dans une pénombre indécise, fait songer à quelque figure voilée dans cette voie silencieuse bordée de tombeaux.

C'est elle qui fait l'office de sacristain.

A ma prière, elle ouvre l'église, écartant, à grand renfort de taloches, une traulée de gamins déguenillés, bande pouilleuse qui va chercher refuge au pied de la colonnade, mesquinement commémorative, de Champlain.

Très vaste, l'église, et de belle allure, malgré son style Sulpicien. Naguère, le curé d'Hiers venait y dire la messe. Maintenant il ne se dérange plus. Le nombre des paroissiens est trop réduit. On marche si rarement dans la vieille nef que la mousse verdit les dalles. L'autel de la Vierge, sur un des bas côtés, s'effondre dans une herbe épaisse et grasse de cimetière. Je foule du pied des pierres tombales aux armes des anciens gouverneurs de Brouage. Je déchiffre des noms illustres qui sonnent étrangement dans la pauvreté et l'abandon de cette église, plus misérable que la moindre chapelle de village.

C'est tout ce que l'on montre à Brouage. Rien ne subsiste plus du couvent de Récollets, du magasin aux vivres, des casernes, dont les derniers soldats ont été retirés avec les dernières munitions. Du haut du rempart la vue s'étend sur un amas confus de murs, de toits effondrés, une ville sans âme. Abandon plus triste cent fois que des ruines! Des cendres feraient moins horreur que ce cadavre momifié qui garde encore un simulacre de vie.

Le pays d'alentour, aussi, n'est qu'un désert. Du port de Jacopolis, où venaient aborder les vaisseaux de haut bord, à peine s'il subsiste un étroit chenal vaseux où les pêcheurs de moules poussent leurs bachots. A perte de vue c'est une solitude d'herbe brûlée, des canaux où ne croisent même pas les voiles blanches des filadières, sourires des bords de la Seudre, avec leurs ailes d'oiseau.

A mes pieds, des chardons, des mauves en fleurs, percent les joints des murs. Un ormeau enfonce ses puissantes racines à la place qu'occupait un canon. Chaque saison le vieux guetteur étreint plus étroitement la pierre, sentinelle avancée plantée par la nature qui attend sans se lasser le départ du dernier être humain pour ensevelir Brouage dans ses marais...

Mais je ne suis plus seul. A l'ombre de l'arbre dont la silhouette se détache plus sombre sur le jour tombant, mélancolique et rêveuse, une jeune fille regarde aussi l'espace. D'où vient-elle ? Je l'ignore. Adorablement blonde, svelte et mince dans son corsage blanc, elle tourne la tête en profil perdu vers la campagne.

Je songe, en la voyant, que deux siècles et demi plus tôt s'était assise à la même place, berçant de tristes pensées, la belle Marie Mancini, douce fiancée d'un grand roi. Dans la mélancolie de l'heure, il me sembla que le vent plus frais faisait redire au vieil ormeau cette plainte de la touchante exilée : « Vous êtes roi, je pars, et vous pleurez ! »

———

XXVII

MER GRISE

L'automne. Voici l'automne ! La brise, plus fraîche, détache les aiguilles des pins qui jonchent le sol d'un tapis rougeâtre. La voix de la mer devient plus forte. On l'entend de partout, maintenant. A chaque marée, elle brise sur les rochers avec de belles franges d'écume. Le port a repris sa physionomie austère. Sur la jetée où de doux regards de jeunes filles erraient au soleil couchant, les rudes pilotes, enveloppés de leur suroît, viennent interroger l'horizon.

Elles sont revenues les nuées bienfaisantes, les nuées messagères, les nuées chères aux poètes. Derrière le Médoc leur avant-garde s'est avancée en légers flocons cotonneux. Lentement les petits nuages se sont dispersés, prudents éclaireurs, aux quatre vents du ciel. Maintenant c'est l'armée tout entière qui occupe les plaines de l'air. Un manteau gris sans fin couvre le firmament.

A l'unisson la mer est grise. Aussi loin que la vue peut s'étendre, la même teinte monotone et triste, le même gris jaunâtre endeuille les flots. Peau d'âne a changé sa robe couleur de soleil pour les haillons de la gardeuse de dindons.

Embarquons-nous ! L'heure est propice aux longues promenades. Les yeux fatigués de lumière, obsédés de bleu, se baignent délicieusement dans ce ton de pastel éteint, à peine ponctué d'un court éclair lumineux par une échappée de soleil sur Vallières.

Le ponton de Talais a l'air d'une casserole de cuivre rouge, ancrée dans le fleuve pour quelque gigantesque cuisine gasconne. La comparaison avec une poële à frire serait peut-être plus naturelle, car le roulis lui imprime des soubresauts à faire sauter des crêpes. Cependant le capitaine de cet étrange bâti-ment ne semble pas s'en trouver plus mal. Il fume sa pipe, à la porte de son rouffle, comme un bon meunier sans-souci, ou comme ces paisibles gabariers qui descendent la Seine, assis au frais avec leur famille, entre un pot de giroflées et une cage à serins.

L'*Eclaireur de la Gironde* est venu visiter les bouées mouillées en rivière. Son manège est une distraction dans la monotonie de l'heure. Le vapeur des ponts-et-chaussées ralentit progressivement sa marche, s'approche sans bruit du cône flottant, lance un nœud coulant, et voilà l'engin capturé. Le cabestan fait le reste.

Hors de l'eau, la bouée apparaît toute noire. Son minium a disparu sous des millions de moules aussi serrées, aussi régulièrement plantées que des alvéoles d'abeilles. Le cône ressemble à un immense gâteau de miel noir. Infatigable semeuse, la mer a charrié ses germes sur ce minuscule flotteur de fer. Elle lui a donné son emploi dans l'œuvre éternelle de vie. Des milliards d'êtres nouveaux sont venus éclore sur ce point imperceptible ballotté par les vagues.

Au demeurant, ces moules de bouées sont excellentes, d'une blancheur merveilleuse, pleines à faire éclater leur coquille. Le malheur est qu'elles sont mouillées par treize mètres d'eau. Voilà une pêche peu commode, et l'on pourrait chanter à l'unisson de la jolie fille de Marennes :

> A la pêche des moules,
> Je ne veux plus y aller !

Décidément, le temps est trop gris. Il porte au spleen. Tiens, des morutiers. Ce sont les premiers arrivés, je parierais. *Saint-Georges-Granville*. Ce bateau me rappelle une mer autrement gaie que le ciel d'aujourd'hui. Je revois la traversée de Granville à Jersey, les rochers roses où les vagues gambadent comme des troupeaux de moutons blancs, les plages abritées où le gulf-stream épanouit des azalées en plein hiver, Montorgueil, la baie de Gorée, où l'on mange de si belle *soisters* avec du *brown-bread* assaisonné d'un beurre exquis.

Pour l'instant j'ignore si le courant qui descend la Gironde est aussi chaud que le gulf-stream, mais il est d'une rare violence. La barre est mauvaise. De hautes lames de fond soulèvent les flots. Parfois une vague plus forte escalade les autres, et, comme un taureau, se dresse de toute sa hauteur dans le troupeau en marche. Brusquement elle brise : une grande ligne blanche zèbre les flots.

A la pointe du Verdon, la jetée-abri passe un vilain quart d'heure. Les lames la recouvrent à chaque bond. Par ce vent d'ouest, l'écume des brisants prise à revers s'élève à perte de vue. C'est joli cette envolée de plumes, mais la mer y va de trop bon cœur.

Rentrons. Le ciel n'est plus gris, il est noir. La promenade menace de se terminer sous les grondements de l'orage. S'il est « suave » de contempler les fureurs de la mer du haut d'un rocher inébranlable, il est moins agréable de rouler sur le pont d'un bateau comme une toupie d'Allemagne.

Il pleut à Royan. Non pas de cette pluie lente et fine qui fait songer à des pleurs, mais de ces terribles averses, qui crèvent comme un sac de plomb, noyant la pauvre humanité sous des nappes diluviennes. En Poitou, et je pense aussi en Saintonge, le langage populaire garde à son service un terme pittoresque pour désigner ces aimables surprises atmosphériques. Il les apppelle « bouillards », par allusion sans doute au passant dépourvu de parapluie, qui baigne, au bout de quelques secondes, dans un véritable bouillon.

Pour l'instant, je suis ce passant. Comme les

portes cochères sont rares sur la jetée, et que je n'ai rencontré aucune âme charitable disposée à abriter ma personne mouillée, j'ai pris le parti le plus sage. Je me suis adossé au mur du quai, et je laisse passer la fureur de l'averse en compagnie de quelques marins qui en ont vu bien d'autres.

A travers la nappe d'eau, les mâts des bateaux se balancent avec leurs voiles qu'on n'a pas eu le temps de carguer. Blanches ou noires, vertes ou roses, toutes les coques baignent dans le gris, comme des ombres vagues. Tout près de moi, presque à mes pieds, un petit yacht est amarré, et, sur la bouée de sauvetage, je lis : *Bel Ami.*

« *Bel Ami* » ! Le yacht de Maupassant dans ce coin de port, sous cette pluie lamentable ! Par quel étrange concours de circonstances est-il venu s'échouer en Saintonge, le coquet bateau qui promena le poète au pays du soleil, le long de la Côte d'Azur ? Et malgré moi je songe à la fin lamentable de cette croisière sur « la grande bleue », par les nuits étoilées, tandis que le génial écrivain écoutait chanter dans son cœur les rimes sonores et les proses rythmées plus harmonieuses encore. Un jour le lumineux cerveau s'obscurcit, les visions du « Horla » devinrent de terribles réalités. Comme de ce yacht sous la pluie, il ne resta plus qu'une enveloppe indécise, un corps sans âme, quelque chose qui n'a de nom dans aucune langue.

Comment ne s'est-il trouvé aucun ami du poète pour conserver cette pieuse relique, ce *Bel Ami* où flotte le souvenir de tant de pages exquises? Une maison de pierre aurait déjà sa plaque de marbre. Cette étroite couchette où Maupassant a allumé sa lampe un soir de sa vie est habitée par des étrangers. Aujourd'hui à Royan, — demain je ne sais où, — *Bel Ami* passera de mains en mains jusqu'au jour où, pauvre coursier poussif, il finira sous la hache du charpentier équarrisseur.

On enterrait le cheval des guerriers sous le tertre où reposait leur maître. Les femmes que le grand charmeur a fait rêver, sourire et pleurer, auraient dû charger ce bateau de roses et y mettre le feu, un soir d'été, en face des montagnes de l'Esterel...

Mais qu'importent ces souvenirs périssables? Laissons le passé mort enterrer ses morts, comme dit le poète américain. L'averse est passée. Le soleil fait miroiter les gouttelettes le long des cordages. Des vols de mouettes, joyeuses de la fin de l'orage, se poursuivent autour de *Bel Ami*. Leur bavardage criard me fait penser au pépiage des moineaux, qui, sous les verdures du Parc Monceau, viennent picorer la blanche lectrice de marbre, rêvant, un livre de Maupassant sur ses genoux.

XXVIII

VENDANGES

Devant la côte, attendant le courant favorable, une gabare louvoye à petites bordées. Elle apporte les fûts vides pour la récolte qu'on cueille là-haut, sur le coteau où chantent les vendangeurs. Les marins ont aperçu l'escouade grapillant dans les pampres verts. D'un grand geste lent, comme en pleine mer quand ils saluent un camarade de pêche, ils crient aux terriens : « A Dieu va-t'! » Puis la brise les emporte, loin de la falaise où les rayons du couchant grandissent la charrette à bœufs chargée des lourdes tonnes.

C'est le temps des vendanges. La cueillette

se fait, la cueillette est faite. Partout, autour de Royan, dans ces jolis villages aux maisons basses qui s'appellent Saint-Georges, Breuillet, Saint-Sulpice, Médis, flotte une odeur pénétrante et chaude de raisin foulé. Le jus bouillonne dans les cuves. Le vin va couler, le vin nouveau qui arrive dans le premier mois en *r* avec les huîtres.

Bientôt les gourmets pourront déguster quelques douzaines de ces excellents mollusques, en les accompagnant, à la mode du pays, de petites saucisses grillées en guise de pain. On goûtera le vin nouveau : les malins achèteront les meilleures cuvées avant que les cours n'aient eu le temps de monter.

Les gens modestes, que l'état de leur bourse oblige à se passer de cave, ont déjà fait leur « râpé ». Ils ont rempli une barrique avec du raisin foulé, légèrement mouillé d'eau. Dans quelques semaines, ils humeront une jolie boisson rose qui pique la langue. Puis, à l'instar des bons buveurs de Rabelais, autant ils en tireront par le fausset, autant ils en entonneront par la bonde, faisant le plein avec de la belle eau bien claire. De l'eau ou du vin, car les délicats ne dédaignent pas cette façon pantagruélique « d'ouiller » leur râpé. Je vous conseille de les imiter. Ce raffinement donne à la boisson un goût de raisin frais, une saveur piquante délicieuse.

On conserve ainsi à Royan quelques bonnes coutumes d'autrefois.

L'étonnante transformation qui en fit la reine de l'Atlantique fut si rapide, qu'elle n'eut, pour ainsi dire, pas d'action sur le passé. Une ville nouvelle, une cité de vapeur et d'électricité se juxtaposa, sans l'entamer, à l'ancienne bourgade de pêcheurs. Royan eut une double vie comme elle avait une double ville. L'une de fièvre et d'agitation pendant les trois mois d'été, l'autre de calme et d'indolence pendant les neuf mois restant.

L'étranger qui prolongerait son séjour jusque là, pourrait assister à ces petites fêtes charmantes, qui revenaient jadis, avec la régularité des saisons, égayer la vie provinciale.

De toutes ces traditions, la danse « à la couronne » est certainement la plus gracieuse. La veille du 1er mai, de ce jour où dans la mythologie populaire l'hiver fait place au printemps, jeunes gens et jeunes filles se réunissent pour confectionner des couronnes de feuillage et de fleurs. Il vaudrait mieux dire des coupoles, car chaque couronne est surmontée de deux demi-cercles, posés en croix, qui servent à la suspendre. Ainsi faites, elles ressemblent assez aux pendentifs qu'on accroche, pour la Fête-Dieu, aux guirlandes des églises.

A la tombée du jour, le 1er mai, le gracieux diadème, lesté d'une lanterne allumée, monte en l'air sur une corde tendue au travers de la rue ou entre deux arbres des promenades. Gamins et petites filles, jeunes gens et jeunes filles viennent former la ronde sous la couronne, en chantant les vieux refrains de Saintonge : « Auprès de ma blonde » ou bien « En revenant des noces ». Quand la ronde est trop grande, elle se dédouble. Les enfants en forment une à part, qui tourne à l'intérieur de la première.

Tout le mois, l'emblème fleuri se balance sur sa corde comme une enseigne. Chaque jour il perd de sa fraîcheur et de ses belles couleurs, mais la jeunesse continue à venir dérouler ses danses sous son feuillage desséché, jusqu'à ce que le 1er juin mette fin à la fête.

Au temps de Pelletan, on dansait encore au son de la cornemuse. Lorsque la dernière note s'était perdue dans la nuit, on voyait rôder, d'intervalle à intervalle, des spectres muets qui portaient une pioche sur l'épaule et sur une autre une branche d'aubépine, ornée de rubans et de guirlandes. Ces spectres étaient des amoureux qui allaient planter le mai à la porte de leur danseuse. Souvent deux rivaux se rencontraient au seuil de la même affection. Ils déposaient côte à côte leur déclaration et repartaient en silence chacun de son côté. Le passant attardé qui voyait leurs ombres dans la nuit pressait le pas et songeait aux « Galipotes », les traditionnelles et insaisissables goules saintongeoises.

Malheureusement, si les coutumes subsistent encore, les costumes ont la vie moins dure. On chercherait en vain, sur les têtes des Royanaises, la coiffe démesurée de linon, dont les longues barbes flottaient naguère au vent comme des voiles de navire. On ne peut s'empêcher de regretter le temps où les jolies filles n'avaient pas échangé cette cathédrale de mousseline pour le madras de la Gascogne ou le chapeau canotier du *Louvre* ou du *Bon-Marché*.

Jadis, cette fantastique construction, dernier vestige des « hennins » du moyen âge, servait de parure de fête. A la mauvaise saison, les femmes déposaient cette coiffure colossale pour prendre l'héréditaire capuchon de Saintonge que les Romains avaient autrefois appelé

« cuculle » et que les Anglais, pendant leur longue domination, ont baptisé « Kiss not ».

Le capuchon a survécu, mais la coiffe a disparu en même temps que les moulins à vent dont les ailes s'agitaient sur les coteaux de Mons. A quoi bon de coquets bonnets quand on ne peut plus les lancer par-dessus des moulins ? Les frairies, elles-mêmes, où la jeunesse s'assemblait de dix lieues à la ronde, ne seront bientôt plus qu'un souvenir.

Autrefois, dans les provinces de l'ouest, chaque pays avait sa fête locale, frairie ou ballade, à laquelle on se préparait de longs mois à l'avance. Ce n'étaient pas toujours les gros bourgs qui avaient les plus belles frairies. La vogue allait souvent à un petit village, parfois même à un simple lieu dit, au milieu des champs. D'antiques pèlerinages à des saints vénérés, ou, en remontant plus haut le cours des âges, quelque reste de culte païen à des sources ou à des bois sacrés, avaient donné naissance à ces assemblées populaires. Puis le temps avait fait son œuvre. La tradition s'était perdue, l'origine avait été oubliée, mais on avait continué à venir danser, manger et boire où des centaines de générations avaient conduit le bal, dressé les tables.

Danses et mets, d'ailleurs, ont à peine changé. Qui ne connaît le « bal » de Saintonge, cette sauterie alerte dont le rythme a passé dans la charmante mélodie populaire le « *bal de Vaux* ?

> Dis donc, mon gros Pierre,
> Veux tu t' marier?

ou dans celle, plus connue encore, de *la Pêcheuse de moules* » :

> A la pêche des moules
> Je n' veux plus y aller.
>   Maman.
> Les garçons de Marennes
> M'ont pris mon panier.

Quant aux mets, longuement cuisinés à l'avance dans chaque maison en vue de parents ou d'amis attendus, la tradition ne s'en est pas moins conservée. Comme au temps de Rabelais, les paysannes du Poitou pétrissent des « fouaces » exquises, en fine fleur de farine, et le « pineau » de Saintonge n'a rien perdu de sa saveur ni de son parfum.

Jadis les frairies étaient une date. On étrennait les vêtements neufs, on terminait des marchés, les fiancés s'accordaient. Lorsqu'elles tombaient à des changements de saison, elles s'accompagnaient de certains actes importants auxquels nos pères n'auraient voulu manquer pour rien au monde. A la frairie de Vaux, dans les premiers jours d'octobre, on mangeait des huîtres, des grenades, des saucisses, et l'on goûtait le vin blanc. A la ballade du Vivier, près de Niort, le mardi de Pâques, on revêtait le pantalon de nankin. Le printemps sans doute était plus précoce qu'à présent.

Aujourd'hui, la cuisine de gargotte a remplacé les bonnes anguilles grillées en plein air et les rillons fricassés. Les sons assourdissants du piston écorchent des valses et des polkas : on voit danser le pas-de-quatre. Mais, s'ils ne se rendent plus aux frairies avec la même simplicité d'esprit, Poitevins et Saintongeois continuent à s'y rassembler de dix, vingt lieues à la ronde ; et longtemps encore, sur les routins poussiéreux, dans les sentiers ombragés, sur les longs bateaux au fil des rivières, on verra flotter au vent les dentelles blanches de vos coiffes, ô villageoises !

XXIX

FINIS AMARA !

La voilà finie, la saison d'été, cette charmante figure du quadrille des mois où, des rayons de soleil dans les cheveux, août conduit la danse en tenant juillet et septembre par la main. Adieu, violons ! Il faut partir.

— Va-t-en, dit la vague, dont la frange d'écume n'éclabousse plus ni parasols ni tentes de coutils roses.

— Va-t-en, piaillent les moineaux, maîtres des ombrages d'où leur bande pillarde a chassé les groupes de promeneuses.

— Va-t-en, fait en passant le Decauville qui

pleure son chargement de toilettes et de sourires.

Comme à la détente d'un ressort le chiffre 30 apparaît au calendrier. C'est le dernier jour de septembre. Il faut partir.

Pourquoi ce jour-là plutôt que la veille, plutôt que le lendemain ? Hier il pleuvait : octobre commence par un ciel radieux. C'est la semaine passée qu'il fallait se mettre en route. Maintenant il fait bon rester. Pourquoi rentrer à jour fixe ? le soleil a-t-il donc ses échéances ?

Tout un été on a vécu au jour le jour, prenant le temps comme il vient, la minute présente sans songer à celle qui suit : « On s'est laissé vivre », selon cette délicieuse expression, inventée aux bains de mer pour constater que, le reste de l'année, nous faisons tout ce qu'il faut pour gâter l'existence, pour mettre des bâtons dans les roues à la bonne nature. Pourquoi partir ? La mer est aussi bleue aujourd'hui qu'hier, le ciel n'a pas un nuage de plus. Sur le sable fin des plages personne n'a lu le mot congé. Pourquoi ne pas se laisser vivre quelques jours encore ?

L'énorme bateau de *Bordeaux-Océan* vient de mouiller devant la jetée. L'incessant va-et-vient des portefaix transporte des montagnes de colis, au milieu desquels circulent, affairés, les émigrants en habit de voyage. C'est le tableau vingt fois contemplé du départ du dimanche, malles pesantes, paniers d'osier, bicyclettes dans leurs cadres. On dirait, un peu plus, que ce sont toujours les mêmes bagages qu'on embarque par la dunette et qu'on débarque par la coupée, pour faire le simulacre d'un appareillage.

Mais sur cette scène ceux qui partent du côté cour ne reviennent pas du côté jardin. Voyageurs et colis sont chargés : « A terre ceux qui ne partent pas ! » Il n'y a plus sur le quai que les flâneurs, les douaniers, les commissionnaires et les amis.

Les voyez-vous, jeunes et vieux, garçonnets à culotte courte, graves messieurs décorés, jeunes femmes élégantes, vieilles dames en bandeaux gris, fillettes aux longues tresses ? Groupés autour du phare, accoudés sur la balustrade de fer, ils ne quittent pas des yeux ce pont de steamer, où des figures chères répondent à leur sourire.

« En arrière, doucement ! »

Le vapeur prend du champ. Lentement il recule dans la Grande-Conche pour virer à l'aise. « Bonjour, au revoir, santé, retour ! »...

et des noms... La brise emporte le reste. Sur la dunette les mouchoirs s'agitent. Ainsi qu'un vol d'oiseaux blancs, ils tournoient au-dessus des têtes, comme s'ils voulaient revenir au colombier. De la jetée, d'autres signaux leur répondent et la lenteur des manœuvres prolonge ces saluts à distance.

Le *Bordeaux-Océan* a évolué. La courbe qu'il décrit pour prendre le large le ramène un instant vers le môle, pour un dernier adieu. Mais sa volte achevée, il met le cap sur le fleuve. En quelques minutes, il double Vallières. Un à un les curieux s'en vont; les douaniers se retirent ; les commissionnaires reprennent leur somme interrompu. Seuls « ceux qui restent », contemplent le steamer qui n'est plus qu'un point noir, une fumée imperceptible sur le ciel.

Il y a un mois, on ne se connaissait pas, aujourd'hui c'est une vieille et solide amitié qui se dénoue.

On s'est rencontré par hasard, à l'heure du bain ou du concert. Une réflexion échangée sur l'harmonie des vagues ou l'accord des instruments a entamé la connaissance. Elle s'est achevée à table d'hôte ou en excursion. Bientôt, l'amitié est venue sans crier gare, — une bonne amitié fortifiée par le souffle du large et la grande voix de la mer. — Il s'y mêle parfois un peu d'amour, mais ces fils de soie n'en rendent pas la trame moins solide. C'est un charme de plus dont les intéressés sont les derniers à s'apercevoir.

Bientôt l'automne est arrivé avec ses ciels mélancoliques, chers aux douces causeries, aux lentes promenades. Presque tous les baigneurs ont fui devant les jours plus courts, les soirées plus fraîches. On est resté après les autres pour jouir des grèves, des bois, des dunes, de la nature rendue à son inviolable majesté. Oh ! la bonne arrière-saison, et qu'on est bien, abrité par les pins, le long de la Grande-Conche, à échanger des confidences et des souvenirs ! Mais tout a une fin, même les meilleures choses. On s'est séparé, en se disant : « A l'année prochaine ! »

L'année prochaine !

C'est bien long, une année, beaucoup plus long qu'on ne se l'imagine dans un adieu échangé à une portière de wagon. L'hiver nous prend avec ses fêtes et ses plaisirs pour les uns, ses labeurs et ses tristesses pour les autres. On échange une lettre, deux lettres, puis rien.

L'amitié s'endort jusqu'aux beaux jours. Mais reviennent l'été et son bon soleil, la première de nos pensées ira vers ce petit coin préféré, bois ou plage, dune ou rocher, que nous avons eu tant de regret à quitter. Notre premier soin en y arrivant sera d'y chercher l'amie que nous y avions laissée.

Elle est venue. La voici à l'endroit même où nous l'avons connue, dans le milieu où notre souvenir l'évoquait. Elle n'est pas changée. Mais nous?... Et l'on interroge ses yeux, on cherche une inflexion de voix, un indice, un rien, avant d'en arriver aux questions, aux confidences mutuelles. Puis, ce premier moment d'appréhension dissipé, on passe en revue l'année qui vient de s'écouler. On se dit ses peines, ses plaisirs. On compte ses gains, et souvent aussi ses pertes.

Ce bilan annuel est excellent à dresser.

C'est un arrêt dans le fleuve des jours, où les grandes secousses seules nous avertissent du chemin parcouru. Mais il faut, pour le faire, cette existence à part des bains de mer, ces amitiés de plage solides et durables, faites de la fleur de la vie, des seuls instants où nous ne soyons pas armés pour la lutte, inquiets du lendemain, tourmentés par les difficultés de l'existence, — les seuls instants où nous soyons réellement nous-mêmes, — et ils sont si rares, ces instants, qu'il n'y a pas de crainte que nous arrivions jamais à la satiété.

J'ai fait hier une promenade au Parc, dans les allées solitaires. Entre les arbres aux verdures déjà fanées, j'ai cherché vainement des silhouettes amies. Le cadre n'a point changé, mais les figures familières sont envolées. Les bois déserts ont pris la tristesse d'un miroir dans une chambre abandonnée. Ils ne reflètent que des choses mortes, feuilles séchées ou souvenirs.

Sous ma fenêtre j'entends crier « la châtaigne », et le grondement du vent accompagne la voix perçante de la marchande : « A la châtaigne ! A la châtaigne ! » Il faut plier bagage, voici l'hiver.

La mélopée obsédante me poursuit. Elle m'entraîne. J'oublie Royan, ses plages d'or. Je me revois petit grimaud en culotte courte, allant à l'école une gibecière en bandouillère. La vieille marchande de châtaignes dressait ses tréteaux juste sur mon chemin, ce fameux chemin des écoliers, si doux à suivre, si plein d'imprévu et de charme. Dès que j'avais tourné le coin de la place, l'odeur de « gralé » faisait sortir de ma poche le sou quotidien. Oh ! les bons marrons dont la tiédeur réchauffait mes mains gourdes d'enfant ! Quand la marchande, à la coiffe démesurée, soulevait la triple couverture où reposaient les merveilleux marrons, son geste était aussi solennel que si son « paillon » eût recélé la ponte de la poule aux œufs d'or.

Je l'ai repris, depuis, cet admirable chemin des écoliers. Il m'a promené un peu partout, au bord des lacs embaumés de cyclamens, dans les îles de la Manche, sur les montagnes couronnées de neige et les conches ensoleillées de la Saintonge. Je ne regrette pas de l'avoir suivi. J'y ai rencontré des cœurs généreux qui m'ont fait l'aumône, en passant, d'un sourire et d'un serrement de mains. J'y ai gagné le seul bonheur que rien ne puisse me reprendre : le souvenir des jours heureux. Malheureusement, ce chemin n'est pas le plus court. Quand je vois revenir les châtaignes, elles m'annoncent encore la fuite d'une année. Déjà la gibecière me semble lourde à porter, plus lourde qu'au temps où j'y mettais mes livres et mes cahiers de collégien.

Un à un, j'ai vu partir ceux que le hasard

de l'été avait amenés sur la plage, ceux qui, en des minutes exquises, m'ont donné le titre d'ami. Les uns après les autres, je les ai conduits à cet embarcadère bruyant, que nous trouvons devant nous à chaque tournant de la vie. Voici qu'à mon tour je vais dire adieu à ce coin de terre où j'ai chanté, comme la cigale, tout un été.

Le jour du départ, pour moi, ressemble au jour d'arrivée. Comme en juillet, le soleil promène sur ma page blanche ses rayons capricieux à travers la vigne vierge de ma fenêtre. Mais les feuilles flamboient maintenant des teintes rouges de l'automne. La première gelée va les emporter avec les cinq ou six douzaines de feuillets légers que j'ai tracés au jour le jour, près des flots changeants, près des flots trompeurs.

Dans les chambres vides, les portes retombent avec le bruit lugubre de quelque chose que l'on enterre. Rien ne reste de ce qui était moi, rien de ce que j'avais ajouté de personnel à la banalité d'un appartement de rencontre. Dans la maison déserte, je ne reconnais plus ces meubles familiers, ces murs tapissés de chromos encadrés. Hier, je les voyais avec d'autres yeux : aujourd'hui, je me demande comment j'ai pu vivre si longtemps avec eux.

« A la châtaigne ! A la châtaigne ! » Avant de fermer la grande malle d'osier, j'y vide pêlemêle tout un tiroir de légères épaves. Un mouchoir de dentelle, des coquillages, des galets, un gant de soie, un débris de bateau recueilli à la Grande-Côte ! Que faire de tout cela ? Je l'emporte. Pourquoi laisser quelque chose dans une chambre qu'un autre habitera demain ? En rouvrant ma malle, plus tard, cette poussière d'or, faite d'immortelles des dunes, me grisera de son odeur d'encens, et, sous la pluie qui frappera mes vitres, je revivrai les soirées près des pins, en face de la baie semée d'étoiles :

« A la châtaigne ! A la châtaigne ! »

La Varenne St-Hilaire, 9 juillet 1906.

TABLE DES MATIÈRES

NIORT. IMPRIMERIE NOUVELLE, G. CLOUZOT.